Salute in Cucina: 100 Ricette Senza Colesterolo

"Un Viaggio Gustoso verso una Vita Sana e Senza Colesterolo"

1. Insalata di quinoa con verdure fresche e avocado.
2. Salmone alla griglia con asparagi e spinaci.
3. Pollo arrosto con patate dolci e broccoli al vapore.
4. Salsa di pomodoro fatta in casa con aglio, cipolla e basilico su spaghetti integrali.
5. Tacos vegetariani con fagioli neri, avocado e salsa al pomodoro.
6. Zuppa di lenticchie con carote, sedano e prezzemolo.
7. Sushi vegetariano con avocado, cetriolo e carote.
8. Insalata di ceci con pomodori secchi e olive.
9. Bistecca di soia marinata con broccoli e peperoni.
10. Hummus fatto in casa con bastoncini di sedano e carote.
11. Frittata di uova bianche con spinaci e pomodori.
12. Torta di grano saraceno con frutta fresca.
13. Zuppa di verdure con porri e zucchine.
14. Spaghetti di zucca con salsa al pomodoro e basilico.
15. Polpette di lenticchie con salsa al pomodoro.
16. Insalata di ceci con cetrioli, pomodori e cipolle rosse.
17. Melanzane alla griglia con salsa di tahini e limone.
18. Broccoli al vapore con olio d'oliva e aglio.
19. Cuscus integrale con verdure saltate in padella.
20. Tofu saltato in padella con peperoni e cipolle.
21. Zuppa di fagioli neri con peperoncino e aglio.
22. Avocado ripieno con quinoa e verdure.
23. Crostata di frutta con pasta frolla integrale.
24. Sformato di patate dolci con prezzemolo.
25. Tofu alla griglia con salsa di soia e zenzero.
26. Torta di riso integrale con broccoli e formaggio senza grassi.
27. Insalata di riso con noci e uvetta.
28. Hummus di barbabietola con bastoncini di verdure.
29. Salsa di avocado con chips di mais integrali.
30. Zuppa di zucca con cannella e zenzero.
31. Insalata di farro con ceci e pomodori secchi.
32. Sushi di salmone selvaggio con avocado e cetriolo.
33. Pollo alla griglia con salsa di yogurt e erbe.
34. Frittata di verdure con zucchine e peperoni.

35. Insalata di lenticchie con feta e olive.
36. Spinaci saltati in padella con pinoli e uvetta.
37. Tofu marinato con salsa di soia e aglio.
38. Zuppa di fagioli bianchi con rosmarino e timo.
39. Spaghetti di grano saraceno con pesto di basilico.
40. Salmone al forno con salsa di limone e erbe.
41. Quiche di verdure senza crosta.
42. Sformato di quinoa con broccoli e formaggio senza grassi.
43. Insalata di grano saraceno con mandorle e ciliegie.
44. Bruschette di pomodoro con basilico e olio d'oliva.
45. Tacos di pesce con mango e avocado.
46. Salsa di pomodoro fatta in casa con aglio e basilico.
47. Pollo al limone con asparagi e patate.
48. Salmone alla griglia con quinoa e verdure.
49. Frittata di uova bianche con spinaci e pomodori secchi.
50. Zuppa di lenticchie con carote e cipolle.
51. Sushi vegetariano con avocado, cetriolo e carote.
52. Insalata di ceci con pomodori e olive.
53. Pollo al curry con latte di cocco e peperoni.
54. Hummus fatto in casa con bastoncini di sedano e carote.
55. Spaghetti integrali con salsa di pomodoro e basilico.
56. Tacos vegetariani con fagioli neri, avocado e salsa al pomodoro.
57. Zuppa di verdure con porri e zucchine.
58. Insalata di grano saraceno con pomodori secchi e olive.
59. Salmone al forno con patate dolci e spinaci.
60. Pollo arrosto con broccoli e peperoni.
61. Salsa di pomodoro fatta in casa con aglio, cipolla e basilico.
62. Tacos di tofu con avocado e pico de gallo.
63. Zuppa di lenticchie con carote, sedano e prezzemolo.
64. Sushi vegetariano con avocado, cetriolo e carote.
65. Insalata di ceci con pomodori secchi e olive.
66. Bistecca di soia marinata con broccoli e peperoni.
67. Hummus fatto in casa con bastoncini di sedano e carote.
68. Frittata di uova bianche con spinaci e pomodori.
69. Torta di grano saraceno con frutta fresca.

70. Zuppa di verdure con porri e zucchine.
71. Spaghetti di zucca con salsa al pomodoro e basilico.
72. Polpette di lenticchie con salsa al pomodoro.
73. Insalata di ceci con cetrioli, pomodori e cipolle rosse.
74. Melanzane alla griglia con salsa di tahini e limone.
75. Broccoli al vapore con olio d'oliva e aglio.
76. Cuscus integrale con verdure saltate in padella.
77. Tofu saltato in padella con peperoni e cipolle.
78. Zuppa di fagioli neri con peperoncino e aglio.
79. Avocado ripieno con quinoa e verdure.
80. Crostata di frutta con pasta frolla integrale.
81. Sformato di patate dolci con prezzemolo.
82. Tofu alla griglia con salsa di soia e zenzero.
83. Torta di riso integrale con broccoli e formaggio senza grassi.
84. Insalata di riso con noci e uvetta.
85. Hummus di barbabietola con bastoncini di verdure.
86. Salsa di avocado con chips di mais integrali.
87. Zuppa di zucca con cannella e zenzero.
88. Insalata di farro con ceci e pomodori secchi.
89. Sushi di salmone selvaggio con avocado e cetriolo.
90. Pollo alla griglia con salsa di yogurt e erbe.
91. Frittata di verdure con zucchine e peperoni.
92. Insalata di lenticchie con feta e olive.
93. Spinaci saltati in padella con pinoli e uvetta.
94. Tofu marinato con salsa di soia e aglio.
95. Zuppa di fagioli bianchi con rosmarino e timo.
96. Spaghetti di grano saraceno con pesto di basilico.
97. Salmone al forno con salsa di limone e erbe.
98. Quiche di verdure senza crosta.
99. Sformato di quinoa con broccoli e formaggio senza grassi.
100. Insalata di grano saraceno con mandorle e ciliegie.

Benvenuti a "Salute in Cucina: 100 Ricette Senza Colesterolo - Un Viaggio Gustoso verso una Vita Sana e Senza Colesterolo"!

Questo libro è un invito a scoprire il piacere di cucinare in modo sano e gustoso, senza dover rinunciare al sapore e alla soddisfazione di una tavola ricca di delizie. Le ricette qui raccolte sono pensate per coloro che desiderano prendersi cura del proprio corpo, mantenendo un livello di colesterolo controllato e favorendo una vita sana e attiva.

La cucina senza colesterolo non è solo una scelta, ma un'opportunità per esplorare nuovi sapori, ingredienti freschi e combinazioni sorprendenti. Questo libro offre un vasto repertorio di piatti appetitosi, creati con amore e attenzione per la vostra salute. Dalle zuppe alle insalate, dai primi ai secondi, fino ai dessert, troverete una selezione variegata che soddisferà i palati più esigenti.

Le ricette qui presentate sono prive di ingredienti che possono aumentare il livello di colesterolo, ma ciò non significa sacrificare il gusto. Ogni piatto è una festa per i sensi, con colori vivaci, aromi irresistibili e sapori bilanciati.

Ogni morso vi riempirà di energia e vitalità, aiutandovi a mantenere il benessere e a raggiungere i vostri obiettivi di salute.

Nel corso di questo viaggio culinario, scoprirete come utilizzare al meglio i cibi nutrienti, come combinare gli ingredienti in modo creativo e come sperimentare senza timori. Ogni ricetta è corredata da chiare istruzioni, suggerimenti utili e informazioni nutrizionali, per agevolare la vostra esperienza in cucina e farvi sentire sicuri nella scelta di alimenti salutari.

Il nostro obiettivo è accompagnarvi lungo un percorso di scoperta e consapevolezza, per riscoprire il piacere di cucinare e mangiare in modo sano, rendendo ogni pasto un momento di felicità e benessere. Siete pronti a partire per questa avventura culinaria? Preparatevi a scoprire il lato saporito della salute con "Salute in Cucina: 100 Ricette Senza Colesterolo"! Buon viaggio!

Ricetta 1: Insalata di Quinoa con Verdure Fresche e Avocado

Introduzione agli alimenti:

Questa insalata è un piatto leggero, nutriente e ricco di proteine vegetali. La quinoa è un cereale senza glutine che contiene tutti gli aminoacidi essenziali, rendendola una fonte proteica completa. Le verdure fresche e l'avocado aggiungono un'esplosione di colori e nutrienti, mentre la salsa al limone e coriandolo donano un tocco di freschezza e sapore.

Ingredienti per 4 persone:

- 1 tazza di quinoa
- 2 tazze di acqua
- 1 avocado maturo
- 1 cetriolo
- 1 peperone rosso
- 1 pomodoro grande
- 1 carota
- 1 cipolla rossa
- 1/2 tazza di prezzemolo fresco tritato
- 1/4 di tazza di coriandolo fresco tritato
- Succo di 1 limone
- 2 cucchiai di olio d'oliva extravergine

- Sale e pepe q.b.

Istruzioni:

1. Sciacquare bene la quinoa sotto acqua corrente per rimuovere il sapore amaro naturale.

2. In una pentola, portare a ebollizione 2 tazze di acqua leggermente salata. Aggiungere la quinoa e cuocere a fuoco medio-basso coperta per 15-20 minuti o fino a quando la quinoa assorbe tutta l'acqua e diventa leggermente trasparente.

3. Spegnete il fuoco e lasciate riposare la quinoa coperta per 5 minuti, poi sgranatela con una forchetta per renderla più leggera e sgranata.

4. Nel frattempo, lavare e tagliare tutte le verdure a cubetti o fette sottili, a seconda delle preferenze.

5. In una grande ciotola, unire la quinoa cotta, le verdure tagliate, il prezzemolo e il coriandolo tritati. Mescolare bene per distribuire gli ingredienti in modo uniforme.

6. In una piccola ciotola, preparare la salsa mescolando il succo di limone, l'olio d'oliva extravergine, il sale e il pepe.

7. Versare la salsa sull'insalata di quinoa e verdure e mescolare delicatamente fino a quando tutto è ben condito.

8. Tagliare l'avocado a dadini e aggiungerlo sopra l'insalata.

9. Guarnire con qualche foglia di coriandolo fresco e servire l'insalata come piatto principale leggero o come contorno.

L'insalata di quinoa con verdure fresche e avocado è una deliziosa opzione vegetariana o vegana che può essere servita sia calda che fredda. È un'ottima scelta per un pranzo sano o una cena leggera e saziante. Buon appetito!

Ricetta 2: Salmone alla Griglia con Salsa di Zenzero e Limone

Sì senza zenzero

Introduzione agli alimenti:

Questa ricetta presenta un gustoso piatto di salmone alla griglia, ricco di proteine omega-3 e acidi grassi benefici per la salute del cuore. La salsa di zenzero e limone conferisce una nota fresca e piccante al salmone, creando un equilibrio di sapori irresistibile.

Ingredienti per 4 persone:

- 4 filetti di salmone (circa 150-180 g ciascuno)
- 2 cucchiai di olio d'oliva extravergine
- 2 cucchiai di salsa di soia a basso contenuto di sodio
- 2 cucchiai di miele o sciroppo d'acero
- 2 spicchi d'aglio tritati
- 2 cucchiai di zenzero fresco grattugiato
- Succo di 1 limone
- Scorza grattugiata di 1 limone
- Sale e pepe q.b.
- Prezzemolo fresco tritato (per guarnire)

Istruzioni:

1. In una ciotola, preparare la marinata mescolando l'olio d'oliva, la salsa di soia, il miele (o lo sciroppo d'acero), l'aglio tritato, lo zenzero grattugiato, il succo di limone e la scorza grattugiata di limone.

2. Aggiungere i filetti di salmone nella marinata e girarli delicatamente per assicurarsi che siano ben ricoperti. Coprire la ciotola con pellicola trasparente e lasciare marinare in frigorifero per almeno 30 minuti, ma preferibilmente per un paio d'ore, per permettere ai sapori di insaporirsi nel pesce.

3. Nel frattempo, preriscaldare la griglia a fuoco medio-alto e spennellare con olio d'oliva per evitare che il pesce si attacchi.

4. Scolare il salmone dalla marinata e scartare il liquido di marinatura.

5. Grigliare i filetti di salmone sulla griglia calda per circa 4-5 minuti per lato o fino a quando il pesce risulta ben cotto e si sbriciola facilmente con una forchetta.

6. Durante la cottura, puoi spennellare i filetti con un po' della marinata rimasta per aggiungere ulteriore sapore.

7. Una volta che il salmone è cotto, trasferirlo su un piatto da portata.

8. Guarnire il salmone alla griglia con prezzemolo fresco tritato e servirlo caldo con una generosa quantità di salsa di zenzero e limone sopra.

Salsa di Zenzero e Limone (per guarnire):

Ingredienti:
- 2 cucchiai di zenzero fresco grattugiato
- Succo di 1 limone
- 2 cucchiai di salsa di soia a basso contenuto di sodio
- 1 cucchiaio di sciroppo d'acero o miele (a piacere)
- 1 cucchiaio di olio d'oliva extravergine

Istruzioni:

1. In una ciotola, mescolare insieme lo zenzero grattugiato, il succo di limone, la salsa di soia, lo

sciroppo d'acero o miele e l'olio d'oliva extravergine.
2. Mescolare bene fino a ottenere una salsa omogenea e gustosa.
3. Servire il salmone alla griglia con una generosa cucchiaiata di salsa di zenzero e limone sopra e decorare con fettine di limone fresco e rametti di prezzemolo, se desiderato.

Questo salmone alla griglia con salsa di zenzero e limone è una delizia per i sensi e piacerà sicuramente a tutti i commensali. Puoi accompagnarlo con una varietà di contorni come verdure grigliate, riso basmati o patate al forno per un pasto completo e delizioso. Buon appetito!

Ricetta 3: Pollo Arrosto con Patate Dolci e Broccoli al Vapore

Introduzione agli alimenti:

Questo piatto di pollo arrosto con patate dolci e broccoli al vapore è un pasto completo e bilanciato, ricco di proteine, vitamine e minerali essenziali. Il pollo è una fonte magra di proteine, mentre le patate dolci e i broccoli sono ricchi di fibre, vitamina A e C. Questa combinazione deliziosa e salutare soddisferà il tuo palato e ti farà sentire pieno di energia.

Ingredienti per 4 persone:

- 4 petti di pollo senza pelle e senza ossa
- 2 patate dolci medie, sbucciate e tagliate a cubetti
- 2 tazze di broccoli freschi, tagliati a cimette
- 2 cucchiai di olio d'oliva extravergine
- 2 spicchi d'aglio, tritati finemente
- 1 cucchiaino di rosmarino secco
- 1 cucchiaino di timo secco
- Sale e pepe q.b.

Istruzioni:

1. Preriscalda il forno a 200°C (390°F).

2. Disponi i cubetti di patate dolci su una teglia rivestita con carta da forno. Aggiungi un cucchiaio di olio d'oliva, metà dell'aglio tritato, metà del rosmarino, metà del timo, sale e pepe. Mescola bene per rivestire uniformemente le patate dolci con le spezie e l'olio.

3. Disponi i petti di pollo su un lato della teglia accanto alle patate dolci. Condisci il pollo con un cucchiaio di olio d'oliva, l'aglio tritato rimasto, il rosmarino rimasto, il timo rimasto, sale e pepe.

4. Metti la teglia nel forno preriscaldato e cuoci il pollo e le patate dolci per circa 20-25 minuti o finché il pollo è cotto completamente e le patate dolci sono morbide e leggermente croccanti all'esterno.

5. Mentre il pollo e le patate dolci cuociono, prepara i broccoli al vapore. In una pentola con un cestello per il vapore, aggiungi acqua fino a metà e porta a ebollizione. Aggiungi le cimette di broccoli nel cestello e copri con un coperchio.

Cuoci a vapore per circa 5-7 minuti o finché i broccoli sono teneri ma ancora croccanti.

6. Una volta cotti, rimuovi il pollo e le patate dolci dal forno e lascia riposare per qualche minuto.

7. Distribuisci i petti di pollo su piatti da portata, aggiungi le patate dolci arrosto e i broccoli al vapore a fianco.

8. Puoi guarnire con una spruzzata di olio d'oliva e un pizzico di sale e pepe extra, se desideri.

Questo pollo arrosto con patate dolci e broccoli al vapore è un pasto completo e delizioso che soddisferà i gusti di tutta la famiglia. È un'ottima opzione per una cena bilanciata e nutriente. Buon appetito!

Ricetta 4: Salsa di Pomodoro Fatta in Casa con Aglio, Cipolla e Basilico su Spaghetti Integrali

Introduzione agli alimenti:

Questa gustosa salsa di pomodoro è preparata con ingredienti freschi e semplici. L'aglio e la cipolla conferiscono un sapore aromatico, mentre il basilico aggiunge una nota fresca e erbacea. Questa salsa è perfetta per condire gli spaghetti integrali, che sono una scelta più salutare rispetto alla pasta tradizionale, poiché mantengono intatte le fibre e i nutrienti del grano intero.

Ingredienti per 4 persone:

- 400 g di spaghetti integrali
- 800 g di pomodori maturi, pelati e tagliati a pezzetti
- 3 spicchi d'aglio, tritati finemente
- 1 cipolla media, tritata finemente
- 10-12 foglie di basilico fresco, spezzettate
- 2 cucchiai di olio d'oliva extravergine
- Sale e pepe q.b.

Istruzioni:

1. In una pentola grande, porta a ebollizione abbondante acqua leggermente salata. Cuoci gli spaghetti integrali seguendo le istruzioni sulla confezione fino a quando sono al dente. Scolali e tienili da parte, conservando un po' di acqua di cottura.

2. In una padella grande, scalda l'olio d'oliva a fuoco medio. Aggiungi l'aglio tritato e la cipolla e soffriggi fino a quando diventano traslucidi e aromatici.

3. Aggiungi i pomodori pelati e tagliati a pezzetti nella padella e cuoci per circa 15-20 minuti a fuoco medio-basso, fino a quando la salsa si addensa leggermente e i sapori si mescolano bene.

4. Aggiungi le foglie di basilico spezzettate e mescola delicatamente.

5. Condisci la salsa con sale e pepe a piacere.

6. Aggiungi gli spaghetti integrali nella padella con la salsa di pomodoro e mescola bene per far aderire la salsa alla pasta. Se necessario, puoi

aggiungere un po' di acqua di cottura degli spaghetti per ottenere la consistenza desiderata.

7. Servi gli spaghetti con la salsa di pomodoro fatta in casa su piatti individuali. Puoi guarnire con qualche foglia di basilico fresco e una spruzzata di olio d'oliva extravergine, se lo desideri.

Questa deliziosa e semplice salsa di pomodoro su spaghetti integrali è una piacevole alternativa alla classica pasta al pomodoro e un'ottima scelta per una cena sana e saporita.

Ricetta 5: Tacos Vegetariani con Fagioli Neri, Avocado e Salsa al Pomodoro

Introduzione agli alimenti:

Questi tacos vegetariani sono un'esplosione di sapori e colori. I fagioli neri offrono una fonte proteica vegetale, mentre l'avocado apporta grassi sani e nutrienti. La salsa al pomodoro fatta in casa con aglio e basilico aggiunge freschezza e sapore a ogni boccone. Un pasto ideale per chi cerca un'alternativa vegetariana deliziosa e sana.

Ingredienti per 4 persone:

- 8 tortillas di mais o farina
- 2 tazze di fagioli neri cotti
- 2 avocado maturi, tagliati a fettine sottili
- 1 cipolla rossa media, tagliata a fettine sottili
- 1 pomodoro maturo, tagliato a cubetti
- 2 spicchi d'aglio, tritati finemente
- 1 cucchiaio di olio d'oliva extravergine
- Succo di 1 limone
- 10-12 foglie di basilico fresco, spezzettate
- Sale e pepe q.b.

Istruzioni:

1. In una piccola ciotola, prepara la salsa di pomodoro mescolando i cubetti di pomodoro, l'aglio tritato, le foglie di basilico spezzettate, l'olio d'oliva extravergine, il succo di limone, sale e pepe. Mescola bene e metti da parte per far insaporire.

2. Scalda le tortillas in una padella calda o al microonde per renderle morbide e flessibili.

3. Riscalda i fagioli neri cotti in una piccola pentola a fuoco medio-basso.

4. Prepara gli ingredienti per il condimento: taglia l'avocado a fettine sottili, affetta finemente la cipolla rossa e metti tutto da parte.

5. Assembla i tacos: posiziona una quantità generosa di fagioli neri cotti al centro di ogni tortilla. Aggiungi le fettine di avocado e la cipolla rossa affettata.

6. Versa sopra ogni taco una generosa quantità di salsa di pomodoro fatta in casa.

7. Piega i tacos a metà e servi caldi.

Questi tacos vegetariani sono un'esplosione di sapori e possono essere personalizzati con altri ingredienti come mais, peperoni o formaggio vegano. Sono un'ottima scelta per una cena informale e gustosa.

Ricetta 6: Zuppa di Lenticchie con Carote, Sedano e Prezzemolo

Introduzione agli alimenti:

Questa zuppa di lenticchie è un comfort food nutriente e saporito. Le lenticchie sono una fonte eccellente di proteine vegetali e fibre. Le carote e il sedano aggiungono dolcezza e croccantezza, mentre il prezzemolo conferisce un tocco di freschezza. Questa zuppa è facile da preparare e perfetta per i giorni più freddi.

Ingredienti per 4 persone:

- 1 tazza di lenticchie secche (rosse o verdi)
- 2 carote medie, tagliate a cubetti
- 2 gambi di sedano, tagliati a cubetti
- 1 cipolla media, tritata finemente
- 2 spicchi d'aglio, tritati finemente
- 1 litro di brodo vegetale
- 2 cucchiai di olio d'oliva extravergine
- 2 foglie di alloro
- 1 cucchiaino di cumino in polvere
- 1 cucchiaino di paprika dolce
- Sale e pepe q.b.
- Prezzemolo fresco tritato (per guarnire)

Istruzioni:

1. In una pentola grande, scalda l'olio d'oliva a fuoco medio. Aggiungi la cipolla tritata e soffriggi fino a quando diventa traslucida e leggermente dorata.

2. Aggiungi gli spicchi d'aglio tritati e cuoci per un altro minuto fino a quando si sprigiona l'aroma.

3. Aggiungi le carote tagliate a cubetti e i gambi di sedano nella pentola. Cuoci per alcuni minuti fino a quando le verdure iniziano a ammorbidirsi.

4. Aggiungi le lenticchie secche e mescola bene con le verdure per unire i sapori.

5. Versa il brodo vegetale nella pentola e aggiungi le foglie di alloro, il cumino in polvere e la paprika dolce.

6. Porta la zuppa a ebollizione, poi riduci il fuoco e lascia sobbollire coperto per circa 20-25 minuti o fino a quando le lenticchie e le verdure sono tenere.

7. Se la zuppa risulta troppo densa, puoi aggiungere un po' d'acqua calda per ottenere la consistenza desiderata.

8. Condisci con sale e pepe a piacere.

9. Servi la zuppa di lenticchie calda, guarnendo con prezzemolo fresco tritato.

Questa zuppa di lenticchie con carote, sedano e prezzemolo è una pietanza confortante e nutriente, perfetta per riscaldarti nelle giornate più fredde. Puoi accompagnare la zuppa con crostini di pane integrale o crackers per un pasto completo e saporito.

Ricetta 7: Sushi Vegetariano con Avocado, Cetriolo e Carote

No cetriolo

Introduzione agli alimenti:

Questo sushi vegetariano è una versione fresca e colorata di un classico piatto giapponese. L'avocado offre una consistenza cremosa, il cetriolo aggiunge una nota croccante e le carote conferiscono un tocco di dolcezza. Un piatto leggero e gustoso, perfetto per chi ama i sapori orientali e preferisce una versione senza pesce.

Ingredienti per 4 persone:

Per il sushi:

- Fogli di alga nori
- 2 tazze di riso per sushi, cotto e condito con aceto di riso e zucchero
- 1 avocado maturo, tagliato a fettine sottili
- 1 cetriolo, tagliato a bastoncini sottili
- 1 carota, tagliata a bastoncini sottili

Per accompagnare:

- Wasabi (pasta di rafano giapponese)
- Zenzero in salamoia (gari)

- Salsa di soia (shoyu) o salsa di soia a basso contenuto di sodio

Istruzioni:

1. Posiziona un foglio di alga nori sulla mattonella per sushi o su una superficie piana.

2. Stendi uno strato uniforme di riso per sushi sulla metà inferiore del foglio di alga nori, lasciando una piccola bordatura vuota sulla parte inferiore.

3. Disponi le fettine di avocado, i bastoncini di cetriolo e carota sopra lo strato di riso.

4. Con l'aiuto della mattonella per sushi o delle mani bagnate, arrotola delicatamente l'alga nori intorno al ripieno, sigillando la parte vuota con un po' di acqua per far aderire il sushi.

5. Taglia il rotolo di sushi ottenuto in pezzi della dimensione desiderata e servi con wasabi, zenzero in salamoia e salsa di soia.

Questo sushi vegetariano con avocado, cetriolo e carote è un'opzione deliziosa per gli amanti della cucina giapponese e per coloro che seguono una dieta a base vegetale.

Ricetta 8: Insalata di Ceci con Pomodori Secchi e Olive

Introduzione agli alimenti:

Questa insalata di ceci è un contorno gustoso e nutriente. I ceci sono una ricca fonte di proteine e fibre, mentre i pomodori secchi e le olive aggiungono un tocco mediterraneo. Un'insalata semplice da preparare e versatile, perfetta per accompagnare una varietà di piatti.

Ingredienti per 4 persone:

- 2 tazze di ceci cotti (in scatola o secchi ammollati e cotti)
- 1/2 tazza di pomodori secchi, tagliati a pezzetti
- 1/4 di tazza di olive nere, denocciolate e tagliate a pezzetti
- 2 cucchiai di olio d'oliva extravergine
- Succo di 1 limone
- Foglie di basilico fresco, spezzettate
- Sale e pepe q.b.

Istruzioni:

1. In una ciotola, mescola i ceci cotti con i pomodori secchi e le olive tagliate a pezzetti.

2. Prepara la salsa mescolando l'olio d'oliva extravergine con il succo di limone, il basilico spezzettato, il sale e il pepe.

3. Versa la salsa sulla ciotola con i ceci, pomodori secchi e olive e mescola bene per far insaporire gli ingredienti.

4. Lascia riposare l'insalata di ceci con pomodori secchi e olive in frigorifero per almeno 30 minuti prima di servire, in modo che i sapori si mescolino bene.

5. Servi l'insalata di ceci con pomodori secchi e olive come contorno per accompagnare piatti di carne, pesce o altre insalate, oppure gustala come piatto principale per un pasto leggero.

Questa insalata di ceci con pomodori secchi e olive è un contorno ricco di sapori mediterranei, ideale per arricchire i tuoi pasti con ingredienti nutrienti e gustosi.

Ricetta 9: Bistecca di Soia Marinata con Broccoli e Peperoni

Introduzione agli alimenti:

Questa bistecca di soia marinata è un'alternativa saporita e proteica alla classica bistecca di carne. La soia è una fonte eccellente di proteine vegetali, mentre la marinatura conferisce un gusto irresistibile. I broccoli e i peperoni sono un contorno sano e colorato, perfetto per completare il piatto.

Ingredienti per 4 persone:

Per la bistecca di soia marinata:

- 4 fette di bistecca di soia (puoi utilizzare bistecca di tofu o seitan)
- 4 cucchiai di salsa di soia (o salsa tamari per una versione senza glutine)
- 2 cucchiai di aceto balsamico
- 2 cucchiai di olio d'oliva extravergine
- 2 spicchi d'aglio, tritati finemente
- 1 cucchiaino di zenzero fresco grattugiato
- 1 cucchiaino di miele o sciroppo d'acero
- Pepe nero q.b.

Per il contorno:

- 2 tazze di broccoli, tagliati a cimette
- 2 peperoni (rossi, gialli o verdi), tagliati a striscioline
- Olio d'oliva extravergine q.b.
- Sale e pepe q.b.

Istruzioni:

1. In una ciotola, prepara la marinatura per la bistecca di soia mescolando la salsa di soia (o salsa tamari), l'aceto balsamico, l'olio d'oliva extravergine, gli spicchi d'aglio tritati, lo zenzero grattugiato, il miele o lo sciroppo d'acero e un po' di pepe nero.

2. Aggiungi le fette di bistecca di soia nella ciotola con la marinatura e lasciale marinare per almeno 30 minuti.

3. In una padella o sulla griglia, scalda un po' di olio d'oliva extravergine e cuoci le fette di bistecca di soia marinata finché sono ben cotte e leggermente dorat.

Ricetta 10: Hummus fatto in casa con bastoncini di sedano e carote

Introduzione agli alimenti:

L'hummus è una deliziosa crema a base di ceci, tahini (crema di semi di sesamo), e aromi mediterranei. Questa versione fatta in casa è semplice da preparare e più salutare rispetto a quella confezionata, poiché puoi controllare gli ingredienti e ridurre l'aggiunta di sale. Servito con bastoncini di sedano e carote, questo piatto diventa uno snack gustoso e ricco di fibre.

Ingredienti per 4 persone:

- 1 lattina (400g) di ceci, scolati e sciacquati
- 3 cucchiai di tahini (crema di semi di sesamo)
- 2 spicchi d'aglio
- Succo di 1 limone
- 2 cucchiai di olio d'oliva extravergine
- 1/2 cucchiaino di cumino in polvere
- 1/4 di cucchiaino di paprika dolce
- Sale e pepe q.b.
- Acqua (circa 1/4 di tazza) per regolare la consistenza
- Bastoncini di sedano e carote per servire

Istruzioni:

1. In un frullatore o robot da cucina, metti i ceci scolati, il tahini, gli spicchi d'aglio, il succo di limone, l'olio d'oliva extravergine, il cumino, la paprika dolce, il sale e il pepe.

2. Frulla tutto fino a ottenere una crema omogenea. Se la consistenza risulta troppo densa, aggiungi gradualmente un po' d'acqua alla volta fino a raggiungere la consistenza desiderata.

3. Assaggia l'hummus e regola il sale e il pepe secondo le tue preferenze.

4. Trasferisci l'hummus in una ciotola da portata e guarnisci con un filo di olio d'oliva extravergine e una spolverata di paprika dolce.

5. Servi l'hummus fatto in casa con bastoncini di sedano e carote.

Questo hummus fatto in casa con bastoncini di sedano e carote è un delizioso snack ricco di proteine e fibre, perfetto per spuntini o come antipasto leggero.

Ricetta 11: Frittata di Uova Bianche con Spinaci e Pomodori

Introduzione agli alimenti:

Questa frittata leggera e salutare è preparata con sole uova bianche, che sono ricche di proteine e povere di grassi. Gli spinaci apportano importanti nutrienti come ferro e calcio, mentre i pomodori aggiungono una nota di freschezza e dolcezza. Una deliziosa e veloce opzione per una colazione, pranzo o cena leggera.

Ingredienti per 4 persone:

- 8 uova bianche *senza tuorlo*
- 1 tazza di spinaci freschi, lavati e tritati
- 1 pomodoro maturo, tagliato a cubetti
- 1/2 cipolla, tagliata a fettine sottili
- 1 cucchiaio di olio d'oliva extravergine
- Sale e pepe q.b.

Istruzioni:

1. In una ciotola, sbatti le uova bianche con un pizzico di sale e pepe.

2. In una padella antiaderente, scalda l'olio d'oliva a fuoco medio-basso. Aggiungi le cipolle e cuoci fino a quando diventano traslucide.

3. Aggiungi gli spinaci tritati nella padella e cuoci finché appassiscono leggermente.

4. Versa le uova sbattute sopra gli spinaci e le cipolle nella padella.

5. Distribuisci i cubetti di pomodoro sulla superficie delle uova.

6. Cuoci la frittata a fuoco medio-basso finché le uova si rapprendono e i bordi iniziano a dorarsi.

7. Con l'aiuto di un coperchio o di un piatto, rovescia la frittata e cuoci l'altro lato fino a cottura completa.

8. Taglia la frittata in spicchi e servi calda.

Questa frittata di uova bianche con spinaci e pomodori è una deliziosa opzione per una colazione o un pasto leggero. Puoi accompagnare la frittata con un'insalata fresca o una fetta di pane integrale per una colazione sana e bilanciata.

Ricetta 12: Torta di Grano Saraceno con Frutta Fresca

Introduzione agli alimenti:

Questa torta di grano saraceno è un dolce senza glutine, leggero e adatto anche a chi ha intolleranze alimentari. Il grano saraceno è una fonte di proteine e fibre, mentre la frutta fresca aggiunge dolcezza e umidità. Una squisita torta che puoi gustare sia a colazione che a merenda.

Ingredienti per 4 persone:

- 1 tazza di farina di grano saraceno
- 1/2 tazza di farina di mandorle
- 1 cucchiaino di lievito in polvere
- 1/2 cucchiaino di bicarbonato di sodio
- 1/4 di cucchiaino di sale
- 2 uova
- 1/2 tazza di latte di mandorle o altra bevanda vegetale
- 1/4 di tazza di olio di cocco o olio d'oliva extravergine
- 1/4 di tazza di sciroppo d'acero o miele
- 1 cucchiaino di estratto di vaniglia
- Frutta fresca a piacere (fragole, lamponi, mirtilli, etc.)

Istruzioni:

1. Preriscalda il forno a 180°C (350°F) e imburra una teglia rotonda da 20 cm di diametro o rivestila con carta da forno.

2. In una ciotola, mescola la farina di grano saraceno, la farina di mandorle, il lievito in polvere, il bicarbonato di sodio e il sale.

3. In un'altra ciotola, sbatti le uova con il latte di mandorle, l'olio di cocco o d'oliva, lo sciroppo d'acero o il miele e l'estratto di vaniglia.

4. Versa gli ingredienti liquidi nella ciotola con gli ingredienti secchi e mescola bene fino a ottenere un composto liscio e omogeneo.

5. Versa l'impasto nella teglia preparata e livellalo con un cucchiaio.

6. Disponi la frutta fresca sulla superficie della torta a piacere.

7. Cuoci la torta di grano saraceno in forno preriscaldato per circa 25-30 minuti o finché la superficie risulta dorata e la torta risulta cotta al

centro (prova con uno stuzzicadenti, se esce pulito è pronta).

8. Lascia raffreddare la torta per alcuni minuti prima di sformarla dalla teglia e tagliarla a fette.

Questa torta di grano saraceno con frutta fresca è una delizia senza glutine che puoi servire con un po' di yogurt greco o una pallina di gelato alla vaniglia per un dessert leggero e goloso.

Ricetta 13: Zuppa di Verdure con Porri e Zucchine

Introduzione agli alimenti:

Questa zuppa di verdure è un comfort food sano e nutriente. I porri e le zucchine conferiscono dolcezza e consistenza alla zuppa, mentre le altre verdure aggiungono un mix di sapori e nutrienti. Puoi preparare questa zuppa in anticipo e riscaldarla per un pasto veloce e gustoso.

Ingredienti per 4 persone:

- 2 porri, tagliati a fettine sottili
- 2 zucchine medie, tagliate a cubetti
- 2 carote medie, tagliate a rondelle sottili
- 2 patate medie, tagliate a cubetti
- 1 litro di brodo vegetale
- 2 cucchiai di olio d'oliva extravergine
- 2 spicchi d'aglio, tritati finemente
- 1 cucchiaino di timo secco
- 1 cucchiaino di rosmarino secco
- Sale e pepe q.b.

Istruzioni:

1. In una pentola grande, scalda l'olio d'oliva a fuoco medio. Aggiungi i porri tagliati a fettine sottili e cuoci fino a quando diventano traslucidi e morbidi.

2. Aggiungi gli spicchi d'aglio tritati nella pentola e cuoci per un altro minuto fino a quando si sprigiona l'aroma.

3. Aggiungi le carote tagliate a rondelle sottili, le zucchine tagliate a cubetti e le patate tagliate a cubetti nella pentola. Mescola bene con i porri e l'aglio per unire i sapori delle verdure.

4. Versa il brodo vegetale nella pentola e aggiungi il timo secco e il rosmarino secco.

5. Porta la zuppa a ebollizione, poi riduci il fuoco e lascia sobbollire coperto per circa 20-25 minuti o finché le verdure sono tenere.

6. Condisci con sale e pepe a piacere.

7. Servi la zuppa di verdure calda, guarnendo con un po' di timo fresco o prezzemolo tritato.

Questa zuppa di verdure con porri e zucchine è un pasto leggero e nutriente che si adatta perfettamente alle giornate più fredde. Puoi accompagnare la zuppa con un po' di pane integrale tostato o crostini per una consistenza extra.

Ricetta 14: Spaghetti di Zucca con Salsa al Pomodoro e Basilico

Introduzione agli alimenti:
Gli spaghetti di zucca sono una deliziosa alternativa senza glutine alla pasta tradizionale. Sono leggeri e ricchi di fibre, mentre la salsa al pomodoro e basilico aggiunge una nota di freschezza e sapore. Una pietanza gustosa e salutare, perfetta per chi cerca un pasto leggero e colorato.

Ingredienti per 4 persone:

- 1 zucca spaghetti media
- 2 tazze di pomodori pelati e tritati (in scatola o freschi)
- 2 spicchi d'aglio, tritati finemente
- 1 mazzetto di basilico fresco, spezzettato
- 2 cucchiai di olio d'oliva extravergine
- Sale e pepe q.b.
- Formaggio grattugiato vegano o parmigiano (opzionale, per guarnire)

Istruzioni:

1. Taglia la zucca a metà per il lungo e rimuovi i semi e la polpa. Cuoci le due metà di zucca al vapore o in forno finché diventano tenere ma non troppo morbide. Una volta cotta, usa una forchetta per grattugiare la polpa della zucca in modo da ottenere gli spaghetti di zucca. Tieni da parte.

2. In una padella grande, scalda l'olio d'oliva a fuoco medio. Aggiungi gli spicchi d'aglio tritati e cuoci finché diventano dorati e fragranti.

3. Aggiungi i pomodori pelati e tritati nella padella e cuoci per circa 10-15 minuti, finché la salsa si addensa leggermente e i sapori si mescolano bene.

4. Aggiungi le foglie di basilico spezzettate nella salsa al pomodoro e mescola delicatamente.

5. Condisci la salsa con sale e pepe a piacere.

6. Aggiungi gli spaghetti di zucca alla padella con la salsa e mescola bene per far aderire la salsa alla zucca.

7. Servi gli spaghetti di zucca con la salsa al pomodoro e basilico caldi, guarnendo con formaggio grattugiato vegano o parmigiano, se lo desideri.

Questi spaghetti di zucca con salsa al pomodoro e basilico sono una piacevole alternativa alla pasta tradizionale e un'ottima scelta per una cena leggera e saporita.

Ricetta 15: Polpette di Lenticchie con Salsa al Pomodoro

Introduzione agli alimenti:

Le polpette di lenticchie sono una delizia vegana ricca di proteine e sapori. Le lenticchie apportano nutrimenti preziosi, mentre la salsa al pomodoro rende queste polpette ancora più gustose. Una pietanza versatile, perfetta da servire come piatto principale o come contorno.

Ingredienti per 4 persone:

- 2 tazze di lenticchie rosse cotte
- 1 cipolla piccola, tritata finemente
- 2 spicchi d'aglio, tritati finemente
- 1 cucchiaino di cumino in polvere
- 1 cucchiaino di paprika dolce
- 1/2 cucchiaino di peperoncino in polvere (opzionale)
- 1/4 di tazza di prezzemolo fresco tritato
- 1/4 di tazza di farina di ceci o farina di pane (per panare)
- Sale e pepe q.b.
- Olio d'oliva extravergine (per cuocere)

Per la salsa al pomodoro:

- 2 tazze di pomodori pelati e tritati (in scatola o freschi)
- 1 spicchio d'aglio, tritato finemente
- 1 cucchiaio di olio d'oliva extravergine
- Sale e pepe q.b.

Istruzioni:

1. In una ciotola, schiaccia le lenticchie cotte con una forchetta fino a ottenere una consistenza pastosa.

2. Aggiungi la cipolla tritata, gli spicchi d'aglio tritati, il cumino in polvere, la paprika dolce, il peperoncino in polvere (se lo desideri

) e il prezzemolo fresco tritato alle lenticchie. Mescola bene per unire tutti gli ingredienti.

3. Forma delle polpette con il composto di lenticchie e passale nella farina di ceci o farina di pane per panarle.

4. In una padella antiaderente, scalda un po' di olio d'oliva extravergine a fuoco medio. Cuoci le

polpette di lenticchie fino a doratura su tutti i lati.

5. Nel frattempo, prepara la salsa al pomodoro: in una padella, scalda l'olio d'oliva extravergine a fuoco medio e aggiungi lo spicchio d'aglio tritato. Cuoci fino a quando diventa dorato e fragrante.

6. Aggiungi i pomodori pelati e tritati nella padella e cuoci per circa 10-15 minuti, finché la salsa si addensa leggermente e i sapori si mescolano bene.

7. Condisci la salsa al pomodoro con sale e pepe a piacere.

8. Servi le polpette di lenticchie con la salsa al pomodoro calda e guarnisci con prezzemolo fresco tritato, se lo desideri.

Queste polpette di lenticchie con salsa al pomodoro sono una scelta nutriente e gustosa per un pasto senza carne. Puoi servirle con una fresca insalata o un contorno di verdure per un pasto completo e bilanciato.

Ricetta 16: Insalata di Ceci con Cetrioli, Pomodori e Cipolle Rosse

Introduzione agli alimenti:

Questa insalata di ceci è una deliziosa esplosione di sapori e colori. I ceci sono una fonte proteica vegetale, mentre i cetrioli, i pomodori e le cipolle rosse aggiungono croccantezza e freschezza. La salsa di limone e olio d'oliva dona una nota di acidità e sapore. Una scelta perfetta per un pranzo leggero e nutriente.

Ingredienti per 4 persone:

- 2 tazze di ceci cotti (in scatola o secchi ammollati e cotti)
- 1 cetriolo grande, tagliato a cubetti
- 1 pomodoro grande, tagliato a cubetti
- 1/2 cipolla rossa, tagliata a fettine sottili
- Succo di 1 limone
- 2 cucchiai di olio d'oliva extravergine
- 1 mazzetto di prezzemolo fresco, tritato
- Sale e pepe q.b.

Istruzioni:

1. In una ciotola grande, unisci i ceci cotti, i cubetti di cetriolo, i cubetti di pomodoro e le fettine di cipolla rossa.

2. Prepara la salsa mescolando il succo di limone, l'olio d'oliva extravergine, il prezzemolo tritato, sale e pepe.

3. Versa la salsa sopra l'insalata di ceci e mescola bene per distribuire la salsa uniformemente.

4. Lascia riposare l'insalata in frigorifero per almeno 30 minuti per far insaporire bene i sapori.

5. Prima di servire, puoi aggiungere un po' di prezzemolo fresco tritato sopra l'insalata come guarnizione.

Questa insalata di ceci con cetrioli, pomodori e cipolle rosse è una scelta fresca e sana per un pasto leggero e nutriente. Puoi gustarla da sola o accompagnata con una fetta di pane integrale o crackers.

Ricetta 17: Melanzane alla Griglia con Salsa di Tahini e Limone

Introduzione agli alimenti:

Queste melanzane alla griglia con salsa di tahini e limone sono una gustosa e sana opzione per una pietanza vegetariana. Le melanzane, ricche di antiossidanti, sono alla griglia per esaltare il loro sapore. La salsa di tahini e limone conferisce cremosità e un tocco di acidità. Una prelibatezza per chi ama le combinazioni di sapori mediterranei.

Ingredienti per 4 persone:

- 2 melanzane medie, tagliate a fette sottili per la griglia
- 1/4 di tazza di salsa di tahini
- Succo di 1 limone
- 2 spicchi d'aglio, tritati finemente
- 2 cucchiai di olio d'oliva extravergine
- Sale e pepe q.b.
- Prezzemolo fresco tritato (per guarnire)

Istruzioni:

1. In una ciotola, prepara la salsa di tahini mescolando la salsa di tahini, il succo di limone, gli spicchi d'aglio tritati, l'olio d'oliva extravergine, sale e pepe. Mescola bene fino a ottenere una salsa liscia e omogenea.

2. Scalda una griglia o una padella griglia a fuoco medio-alto.

3. Spennella entrambi i lati delle fette di melanzane con olio d'oliva extravergine.

4. Cuoci le fette di melanzane alla griglia fino a quando sono tenere e ottenute le tipiche striature dalla griglia su entrambi i lati.

5. Disponi le fette di melanzane grigliate su un piatto da portata e versa sopra la salsa di tahini e limone.

6. Guarnisci con un po' di prezzemolo fresco tritato.

Queste melanzane alla griglia con salsa di tahini e limone sono una prelibatezza mediterranea che puoi servire come antipasto, contorno o anche come piatto principale insieme a insalate o pane integrale.

Ricetta 18: Broccoli al Vapore con Olio d'Oliva e Aglio

Introduzione agli alimenti:

Questi broccoli al vapore sono un contorno semplice e salutare che esalta il gusto e le proprietà dei broccoli. Il vapore mantiene intatti i nutrienti delle verdure, mentre l'olio d'oliva e l'aglio conferiscono un tocco di sapore. Un contorno versatile e sano, perfetto per accompagnare una varietà di piatti.

Ingredienti per 4 persone:

- 1 mazzo di broccoli, puliti e tagliati a cimette
- 2 spicchi d'aglio, tritati finemente
- 2 cucchiai di olio d'oliva extravergine
- Sale e pepe q.b.

Istruzioni:

1. In una pentola a vapore, porta l'acqua a ebollizione. Posiziona le cimette di broccoli nel cestello del vapore.

2. Copri la pentola con il cestello del vapore e cuoci i broccoli al vapore per circa 5-7 minuti, o finché diventano teneri ma croccanti.

3. Nel frattempo, in una padella, scalda l'olio d'oliva extravergine a fuoco medio. Aggiungi gli spicchi d'aglio tritati e cuoci fino a quando diventano dorati e fragranti.

4. Una volta cotti i broccoli al vapore, trasferiscili nella padella con l'olio e l'aglio.

5. Mescola bene i broccoli con l'olio d'oliva e l'aglio, assicurandoti che ogni cimetta sia ben condita.

6. Condisci con sale e pepe a piacere.

7. Servi i broccoli al vapore con olio d'oliva e aglio caldi come contorno per una varietà di piatti principali.

Questi broccoli al vapore con olio d'oliva e aglio sono un contorno semplice ma delizioso. Puoi servirli accanto a un secondo di carne o pesce, oppure con un piatto di riso integrale o quinoa per un pasto vegano completo.

Ricetta 19: Cuscus Integrale con Verdure Saltate in Padella

Introduzione agli alimenti:

Questo cuscus integrale con verdure saltate è un pasto sano e saporito. Il cuscus integrale è una fonte di carboidrati integrali, mentre le verdure aggiungono colore e nutrienti. Una preparazione veloce e versatile, perfetta per una cena leggera e gustosa.

Ingredienti per 4 persone:

- 1 tazza di cuscus integrale
- 1 e 1/2 tazza di brodo vegetale
- 1 zucchina media, tagliata a cubetti
- 1 peperone rosso, tagliato a cubetti
- 1 carota media, tagliata a rondelle sottili
- 1 cipolla rossa media, tagliata a fettine sottili
- 2 cucchiai di olio d'oliva extravergine
- 1 cucchiaino di curcuma in polvere (opzionale)
- Sale e pepe q.b.
- Prezzemolo fresco tritato (per guarnire)

Istruzioni:

1. In una pentola, porta il brodo vegetale a ebollizione. Versa il brodo bollente sul cuscus integrale in una ciotola e copri con un coperchio. Lascia riposare il cuscus per circa 5 minuti finché assorbe tutto il brodo. Quindi, sgranalo con una forchetta per ottenere un cuscus leggero e sgranato.

2. In una padella grande, scalda l'olio d'oliva extravergine a fuoco medio. Aggiungi la cipolla rossa tagliata a fettine sottili e cuoci fino a quando diventa traslucida.

3. Aggiungi la zucchina a cubetti, il peperone rosso a cubetti e le rondelle di carota nella padella con la cipolla. Cuoci le verdure per alcuni minuti fino a quando diventano tenere ma croccanti.

4. Se desideri, puoi aggiungere la curcuma in polvere per dare un tocco di colore e sapore alle verdure.

5. Condisci con sale e pepe a piacere.

6. Aggiungi il cuscus integrale cotto nella padella con le verdure saltate e mescola bene per far insaporire il cuscus con le verdure.

7. Servi il cuscus integrale con verdure saltate in padella caldo, guarnendo con un po' di prezzemolo fresco tritato.

Questo cuscus integrale con verdure saltate è un pasto completo e sano che puoi gustare come piatto unico o come contorno. E' ideale per chi desidera una pietanza leggera ma nutriente.

Ricetta 20: Tofu Saltato in Padella con Peperoni e Cipolle

Introduzione agli alimenti:

Questo tofu saltato in padella con peperoni e cipolle è una scelta gustosa e proteica per un pasto vegano. Il tofu, ricco di proteine vegetali, è accompagnato da peperoni colorati e cipolle, che aggiungono dolcezza e sapore. Un piatto semplice ma pieno di gusto, perfetto per un pasto equilibrato e veloce.

Ingredienti per 4 persone:

- 1 confezione di tofu, scolato e tagliato a cubetti
- 2 peperoni (uno rosso e uno giallo), tagliati a listarelle
- 1 cipolla grande, tagliata a fettine sottili
- 2 cucchiai di salsa di soia (o salsa tamari per una versione senza glutine)
- 2 cucchiai di olio di sesamo (o olio d'oliva extravergine)
- 2 cucchiai di sciroppo d'acero o zucchero di canna
- 1 cucchiaino di zenzero fresco grattugiato
- 1 spicchio d'aglio, tritato finemente
- Pepe nero q.b.

- Cipollotto fresco tritato (per guarnire)

Istruzioni:

1. In una ciotola, prepara la marinatura per il tofu mescolando la salsa di soia, l'olio di sesamo, lo sciroppo d'acero o il zucchero di canna, il zenzero grattugiato, l'aglio tritato e una spolverata di pepe nero.

2. Aggiungi i cubetti di tofu nella ciotola con la marinatura e mescola bene per far aderire la marinatura al tofu. Lascia marinare il tofu per almeno 15-20 minuti.

3. In una padella grande, scalda un po' di olio d'oliva extravergine a fuoco medio-alto.

4. Aggiungi il tofu marinato nella padella e cuoci fino a quando diventa dorato e croccante su tutti i lati.

5. Rimuovi il tofu dalla padella e tienilo da parte.

6. Nella stessa padella, aggiungi le fettine di cipolla e le listarelle di peperoni. Cuoci le verdure fino a quando diventano tenere ma croccanti.

7. Aggiungi il tofu saltato nella padella con le verdure e mescola bene per far insaporire le verdure con il tofu.

8. Condisci con un po' di salsa di soia aggiuntiva o pepe nero a piacere.

9. Servi il tofu saltato in padella con peperoni e cipolle caldo, guarnendo con cipollotto fresco tritato.

Questo tofu saltato in padella con peperoni e cipolle è un pasto proteico e saporito che si adatta a una dieta vegana o vegetariana. Puoi servirlo con un contorno di riso basmati o noodles di soba per un pasto completo e gustoso.

Ricetta 21: Zuppa di Fagioli Neri con Peperoncino e Aglio

[nota manoscritta: Sì senza peperoncino e cumino]

Introduzione agli alimenti:

Questa zuppa di fagioli neri è un piatto ricco e saporito. I fagioli neri sono una fonte eccellente di proteine vegetali e fibre. Il peperoncino e l'aglio aggiungono un tocco di piccantezza e sapore. Una zuppa calda e avvolgente, perfetta per le giornate fresche o come piatto principale per un pasto leggero.

Ingredienti per 4 persone:

- 2 tazze di fagioli neri cotti (in scatola o secchi ammollati e cotti)
- 1 cipolla media, tritata finemente
- 2 spicchi d'aglio, tritati finemente
- 1 peperoncino rosso (o peperoncino piccante), tritato finemente (senza semi se preferisci meno piccante) *[nota manoscritta: NO!!]*
- 4 tazze di brodo vegetale
- 1 cucchiaio di olio d'oliva extravergine
- 1 cucchiaino di cumino in polvere *[nota manoscritta: NO!!!]*
- 1 cucchiaino di paprika dolce
- Sale e pepe q.b.
- Prezzemolo fresco tritato (per guarnire)

Istruzioni:

1. In una pentola grande, scalda l'olio d'oliva extravergine a fuoco medio. Aggiungi la cipolla tritata e cuoci fino a quando diventa traslucida.

2. Aggiungi gli spicchi d'aglio tritati e il peperoncino tritato nella pentola. Cuoci per un altro minuto fino a quando gli aromi si sprigionano.

3. Aggiungi i fagioli neri cotti nella pentola e mescola bene con la cipolla, l'aglio e il peperoncino.

4. Aggiungi il cumino in polvere e la paprika dolce e mescola per distribuire le spezie.

5. Versa il brodo vegetale nella pentola e porta la zuppa a ebollizione.

6. Riduci il fuoco e lascia sobbollire la zuppa a fuoco medio-basso per circa 15-20 minuti, o finché i sapori si mescolano bene e la zuppa raggiunge la consistenza desiderata.

7. Condisci con sale e pepe a piacere.

8. Servi la zuppa di fagioli neri calda, guarnendo con prezzemolo fresco tritato.

Questa zuppa di fagioli neri con peperoncino e aglio è una scelta confortevole e nutriente per un pasto abbondante e saporito.

Ricetta 22: Avocado Ripieno con Quinoa e Verdure

Introduzione agli alimenti:

Questo avocado ripieno con quinoa e verdure è un piatto creativo e nutriente. L'avocado offre grassi sani e nutrienti, mentre la quinoa è una fonte di proteine e fibre. Le verdure aggiungono colore e sapore. Un piatto gustoso e salutare, ideale per una cena leggera o come piatto principale per un pasto vegano.

Ingredienti per 4 persone:

- 2 avocado maturi, tagliati a metà e denocciolati
- 1 tazza di quinoa cotta
- 1/2 cetriolo, tagliato a cubetti
- 1 pomodoro maturo, tagliato a cubetti
- 1 peperone (rosso, giallo o verde), tagliato a cubetti
- 1/4 di cipolla rossa, tagliata a fettine sottili
- Succo di 1 limone
- 2 cucchiai di olio d'oliva extravergine
- Sale e pepe q.b.
- Prezzemolo fresco tritato (per guarnire)

Istruzioni:

1. In una ciotola, prepara la base del ripieno mescolando la quinoa cotta con i cubetti di cetriolo, pomodoro, peperone e la cipolla rossa.

2. Condisci il ripieno con succo di limone, olio d'oliva extravergine, sale e pepe. Mescola bene per unire i sapori delle verdure.

3. Riempi le met

à degli avocado denocciolati con il ripieno di quinoa e verdure.

4. Servi gli avocado ripieni di quinoa e verdure, guarnendo con un po' di prezzemolo fresco tritato.

Questi avocado ripieni con quinoa e verdure sono un piatto colorato e nutriente, perfetto da servire come antipasto o piatto principale per una cena leggera.

Ricetta 23: Crostata di Frutta con Pasta Frolla Integrale

NO

Introduzione agli alimenti:

Questa crostata di frutta con pasta frolla integrale è un dessert goloso ma leggero. La pasta frolla integrale offre una base croccante e sana, mentre la frutta fresca aggiunge dolcezza e freschezza. Un dessert perfetto per concludere un pasto in modo dolce e salutare.

Ingredienti per 4 persone:

Per la pasta frolla integrale:

- 200g di farina integrale
- 100g di burro freddo tagliato a cubetti (o olio di cocco per una versione senza latticini)
- 50g di zucchero di canna
- 1 uovo (o un sostituto vegano come una "flax egg")
- 1 cucchiaino di estratto di vaniglia
- Un pizzico di sale

Per il ripieno:

- Frutta fresca a piacere (fragole, mirtilli, lamponi, pesche, albicocche, ecc.)

Istruzioni:

1. In una ciotola, mescola la farina integrale, il burro (o l'olio di cocco), lo zucchero di canna, l'uovo (o il sostituto vegano), l'estratto di vaniglia e il pizzico di sale.

2. Lavora gli ingredienti con le mani fino a ottenere un impasto omogeneo.

3. Avvolgi l'impasto in pellicola trasparente e fai riposare in frigorifero per almeno 30 minuti.

4. Una volta che la pasta frolla ha riposato, stendila su una superficie leggermente infarinata con l'aiuto di un matterello.

5. Rivesti una teglia da crostata con la pasta frolla stesa e taglia l'eccesso di pasta sui bordi.

6. Riempire la crostata con la frutta fresca a piacere.

7. Se lo desideri, puoi spolverizzare un po' di zucchero di canna sulla frutta.

8. Cuoci la crostata di frutta in forno preriscaldato a 180°C per circa 25-30 minuti, o finché la pasta frolla è dorata e la frutta è morbida.

9. Sforna la crostata di frutta e lasciala raffreddare prima di servire.

Questa crostata di frutta con pasta frolla integrale è un dessert delizioso e salutare che soddisferà la tua voglia di dolcezza senza appesantirti.

Ricetta 24: Sformato di Patate Dolci con Prezzemolo

Introduzione agli alimenti:

Questo sformato di patate dolci è un contorno cremoso e gustoso. Le patate dolci sono una fonte di carboidrati complessi e vitamine, mentre il prezzemolo aggiunge freschezza e colore. Un contorno delizioso, ideale da servire accanto a una varietà di piatti principali.

Ingredienti per 4 persone:

- 4 patate dolci medie, sbucciate e tagliate a fettine sottili
- 2 cucchiai di olio d'oliva extravergine
- 2 spicchi d'aglio, tritati finemente
- 1 mazzetto di prezzemolo fresco, tritato
- 1 tazza di latte (o latte di mandorle per una versione senza latticini)
- 1/4 di tazza di formaggio grattugiato vegano (opzionale)
- Sale e pepe q.b.

Istruzioni:

1. In una padella grande, scalda l'olio d'oliva extravergine a fuoco medio. Aggiungi gli spicchi d'aglio tritati e cuoci fino a quando diventano dorati e fragranti.

2. Aggiungi le fettine di patate dolci nella padella e cuoci fino a quando diventano tenere ma non troppo morbide.

3. Aggiungi il prezzemolo tritato sopra le patate dolci e mescola delicatamente.

4. Versa il latte (o latte di mandorle) nella padella con le patate dolci. Cuoci a fuoco medio-basso per qualche minuto, finché il latte si addensa leggermente e le patate sono cotte.

5. Se desideri, puoi aggiungere il formaggio grattugiato vegano sopra le patate dolci per conferire una nota di sapore aggiuntiva.

6. Condisci con sale e pepe a piacere.

7. Servi lo sformato di patate dolci con prezzemolo caldo come contorno per

accompagnare un'ampia varietà di piatti principali.

Questo sformato di patate dolci è un contorno cremoso e delizioso, perfetto per accompagnare piatti di carne o pesce, o come alternativa saporita per i pasti vegetariani.

Ricetta 25: Tofu alla Griglia con Salsa di Soia e Zenzero

sì senza enzero

Introduzione agli alimenti:

Questo tofu alla griglia con salsa di soia e zenzero è un piatto proteico e saporito. Il tofu è una fonte eccellente di proteine vegetali, mentre la salsa di soia e il zenzero conferiscono un tocco di sapore orientale. Un piatto gustoso e leggero, ideale per i vegetariani e gli amanti del tofu.

Ingredienti per 4 persone:

- 1 confezione di tofu, scolato e tagliato a fette spesse
- 1/4 di tazza di salsa di soia (o salsa tamari per una versione senza glutine)
- 1 cucchiaio di olio di sesamo
- 1 cucchiaio di zenzero fresco grattugiato
- 2 spicchi d'aglio, tritati finemente
- 1 cucchiaio di sciroppo d'acero o zucchero di canna
- Prezzemolo fresco tritato (per guarnire)

Istruzioni:

1. In una ciotola, prepara la marinatura per il tofu mescolando la salsa di soia (o salsa tamari), l'olio di sesamo, lo zenzero grattugiato, gli spicchi d'aglio tritati e lo sciroppo d'acero o zucchero di canna.

2. Aggiungi le fette di tofu nella ciotola con la marinatura e lasciale marinare per almeno 15-20 minuti.

3. Scalda una griglia o una padella griglia a fuoco medio-alto.

4. Cuoci il tofu marinato sulla griglia finché diventa dorato e croccante su entrambi i lati.

5. Rimuovi il tofu dalla griglia e tienilo da parte.

6. Se lo desideri, puoi spolverizzare un po' di prezzemolo fresco tritato sopra il tofu alla griglia.

7. Servi il tofu alla griglia con salsa di soia e zenzero caldo, guarnendo con un po' di prezzemolo fresco tritato.

Questo tofu alla griglia con salsa di soia e zenzero è un piatto saporito e proteico, perfetto da servire come piatto principale accanto a un contorno di verdure o insalata.

Ricetta 26: Torta di Riso Integrale con Broccoli e Formaggio Senza Grassi

Introduzione agli alimenti:

Questa torta di riso integrale con broccoli e formaggio senza grassi è un piatto cremoso e leggero. Il riso integrale offre carboidrati complessi, mentre i broccoli aggiungono vitamine e fibre. Il formaggio senza grassi dona cremosità senza aggiungere troppe calorie. Una preparazione gustosa e salutare, perfetta come piatto principale per un pasto completo.

Ingredienti per 4 persone:

Per la torta di riso integrale:

- 2 tazze di riso integrale cotto
- 2 tazze di broccoli cotti al vapore e tritati
- 1 cipolla media, tritata finemente
- 2 spicchi d'aglio, tritati finemente
- 1/2 tazza di formaggio senza grassi grattugiato
- 2 uova (o sostituto vegano come una "flax egg")
- 1/2 tazza di latte (o latte di mandorle per una versione senza latticini)
- Sale e pepe q.b.

- Prezzemolo fresco tritato (per guarnire)

Istruzioni:

1. In una ciotola, mescola il riso integrale cotto con i broccoli tritati e la cipolla tritata.

2. In un'altra ciotola, sbatti le uova (o il sostituto vegano) con il latte (o latte di mandorle).

3. Aggiungi il composto di uova e latte nella ciotola con il riso e i broccoli. Mescola bene per unire gli ingredienti.

4. Aggiungi il formaggio senza grassi grattugiato nella ciotola e mescola ancora per distribuire il formaggio in modo uniforme.

5. Condisci con sale e pepe a piacere.

6. Versa il composto di riso, broccoli e formaggio in una teglia da forno leggermente oliata.

7. Cuoci la torta di riso integrale in forno preriscaldato a 180°C per circa 25-30 minuti, o finché la torta è dorata sulla superficie.

8. Sforna la torta di riso integrale e lasciala raffreddare prima di servire.

9. Guarnisci con prezzemolo fresco tritato prima di portare in tavola.

Questa torta di riso integrale con broccoli e formaggio senza grassi è un piatto sano e gustoso, ideale per un pasto completo e bilanciato.

Ricetta 27: Insalata di Riso con Noci e Uvetta

Introduzione agli alimenti:

Questa insalata di riso con noci e uvetta è un contorno fresco e saporito. Il riso integrale offre carboidrati complessi, mentre le noci e l'uvetta aggiungono croccantezza e dolcezza. Una preparazione versatile e nutriente, ideale per accompagnare una varietà di piatti.

Ingredienti per 4 persone:

- 2 tazze di riso integrale cotto
- 1/2 tazza di noci tritate
- 1/4 di tazza di uvetta sultanina
- 1 mazzetto di prezzemolo fresco, tritato
- Succo di 1 limone
- 2 cucchiai di olio d'oliva extravergine
- Sale e pepe q.b.

Istruzioni:

1. In una ciotola, mescola il riso integrale cotto con le noci tritate e l'uvetta sultanina.

2. Prepara la salsa mescolando il succo di limone, l'olio d'oliva extravergine,

sale e pepe in una ciotola separata.

3. Versa la salsa sulla ciotola con il riso, noci e uvetta e mescola bene per far insaporire gli ingredienti.

4. Aggiungi il prezzemolo tritato sopra l'insalata di riso e mescola delicatamente.

5. Lascia riposare l'insalata di riso in frigorifero per almeno 30 minuti prima di servire, in modo che i sapori si mescolino bene.

6. Servi l'insalata di riso con noci e uvetta fredda come contorno per accompagnare piatti di carne, pesce o insalate, o gustala come piatto unico per un pasto leggero.

Questa insalata di riso con noci e uvetta è un contorno fresco e delizioso, ideale per aggiungere una nota croccante e dolce ai tuoi pasti.

Ricetta 28: Hummus di Barbabietola con Bastoncini di Verdure

Introduzione agli alimenti:

Questo hummus di barbabietola è una variante colorata e gustosa del classico hummus. La barbabietola offre antiossidanti e dolcezza naturale, mentre i bastoncini di verdure aggiungono croccantezza. Un contorno sano e sfizioso, ideale per accompagnare un aperitivo o un pasto leggero.

Ingredienti per 4 persone:

Per l'hummus di barbabietola:

- 2 barbabietole medie, cotte e sbucciate
- 1 tazza di ceci cotti (in scatola o secchi ammollati e cotti)
- 2 cucchiai di tahini (crema di semi di sesamo)
- Succo di 1 limone
- 2 cucchiai di olio d'oliva extravergine
- 1 spicchio d'aglio, tritato finemente
- Sale e pepe q.b.

Per i bastoncini di verdure:

- Bastoncini di carota, sedano, cetriolo, peperone, ecc.

Istruzioni:

1. In un frullatore o un robot da cucina, mescola le barbabietole cotte con i ceci cotti, il tahini, il succo di limone, l'olio d'oliva extravergine e lo spicchio d'aglio tritato.

2. Frulla gli ingredienti fino a ottenere una crema liscia e omogenea.

3. Condisci l'hummus di barbabietola con sale e pepe a piacere.

4. Prepara i bastoncini di verdure tagliando carote, sedano, cetrioli, peperoni o altre verdure a bastoncini sottili e croccanti.

5. Servi l'hummus di barbabietola con i bastoncini di verdure, ideali per essere intinti nella crema colorata e gustosa.

Questo hummus di barbabietola con bastoncini di verdure è un contorno colorato e saporito, perfetto per essere gustato come spuntino sano o come accompagnamento ad un aperitivo.

Ricetta 29: Salsa di Avocado con Chips di Mais Integrali

[nota manoscritta: Sì ma con cipolla cotta e senza peperoncino]

Introduzione agli alimenti:

Questa salsa di avocado è un accompagnamento cremoso e nutrienti. L'avocado offre grassi sani e vitamine, mentre i chips di mais integrali aggiungono croccantezza e gusto. Una preparazione semplice e gustosa, ideale per un aperitivo sano e goloso.

Ingredienti per 4 persone:

Per la salsa di avocado:

- 2 avocado maturi, sbucciati e denocciolati
- Succo di 1 lime
- 1 spicchio d'aglio, tritato finemente
- 1/4 di cipolla rossa, tritata finemente
- Peperoncino fresco (opzionale), tritato finemente (senza semi se preferisci meno piccante)
- Sale e pepe q.b.
- Prezzemolo fresco tritato (per guarnire)

Per i chips di mais integrali:

- 1 confezione di chips di mais integrali (assicurati che siano senza olio di palma e additivi nocivi)

Istruzioni:

1. In una ciotola, schiaccia gli avocado maturi con una forchetta fino a ottenere una consistenza cremosa.

2. Aggiungi il succo di lime, lo spicchio d'aglio tritato, la cipolla rossa tritata e il peperoncino fresco tritato (se lo desideri) nella ciotola con l'avocado.

3. Mescola bene gli ingredienti fino a ottenere una salsa liscia e omogenea.

4. Condisci la salsa di avocado con sale e pepe a piacere.

5. Servi la salsa di avocado in una ciotola, guarnendo con un po' di prezzemolo fresco tritato.

6. Accompagna la salsa di avocado con i chips di mais integrali per un aperitivo gustoso e sano.

Questa salsa di avocado con chips di mais integrali è un piatto semplice e invitante, ideale per condividere con amici e familiari durante un momento conviviale.

Ricetta 30: Zuppa di Zucca con Cannella e Zenzero Sì senza zenzero

Introduzione agli alimenti:

Questa zuppa di zucca è un comfort food aromatico e delizioso. La zucca offre dolcezza e vitamine, mentre la cannella e lo zenzero aggiungono note speziate. Una zuppa avvolgente e saporita, perfetta per scaldarsi nelle serate fresche o come piatto principale per un pasto leggero.

Ingredienti per 4 persone:

- 1 zucca matura (butternut, Hokkaido, o altra varietà), sbucciata, denocciolata e tagliata a cubetti
- 1 cipolla media, tritata finemente
- 2 spicchi d'aglio, tritati finemente
- 1 cucchiaio di olio d'oliva extravergine
- 4 tazze di brodo vegetale
- 1 cucchiaino di cannella in polvere
- 1 cucchiaino di zenzero fresco grattugiato
- Sale e pepe q.b.
- Semi di zucca tostati (per guarnire)

Istruzioni:

1. In una pentola grande, scalda l'olio d'oliva extravergine a fuoco medio. Aggiungi la cipolla tritata e cuoci fino a quando diventa traslucida.

2. Aggiungi gli spicchi d'aglio tritati nella pentola e cuoci per un altro minuto fino a quando gli aromi si sprigionano.

3. Aggiungi i cubetti di zucca nella pentola e mescola bene con la cipolla e l'aglio.

4. Versa il brodo vegetale nella pentola, coprendo completamente la zucca.

5. Aggiungi la cannella in polvere e lo zenzero grattugiato nella pentola e mescola per distribuire le spezie.

6. Porta la zuppa di zucca a ebollizione, quindi riduci il fuoco e lascia sobbollire a fuoco medio-basso per circa 20-25 minuti, o finché la zucca è morbida e facile da frullare.

7. Con un frullatore ad immersione o un frullatore tradizionale, frulla la zuppa di zucca

fino a ottenere una consistenza vellutata e omogenea.

8. Condisci con sale e pepe a piacere.

9. Servi la zuppa di zucca con cannella e zenzero calda, guarnendo con semi di zucca tostati per una nota croccante.

Questa zuppa di zucca con cannella e zenzero è un comfort food avvolgente e delizioso, perfetto per riscaldarsi nelle giornate fresche.

Ricetta 31: Insalata di Farro con Ceci e Pomodori Secchi

Introduzione agli alimenti:

Questa insalata di farro con ceci e pomodori secchi è un piatto sostanzioso e ricco di sapori mediterranei. Il farro offre carboidrati complessi, i ceci sono una fonte di proteine vegetali e i pomodori secchi conferiscono dolcezza e sapore. Un'insalata gustosa e nutriente, perfetta come piatto unico o contorno saporito.

Ingredienti per 4 persone:

- 1 tazza di farro perlato, cotto
- 1 lattina di ceci, scolati e sciacquati
- 1/2 tazza di pomodori secchi, tagliati a pezzetti
- 1/4 di tazza di olive nere, denocciolate e tagliate a rondelle
- Foglie di basilico fresco, spezzettate
- 2 cucchiai di olio d'oliva extravergine
- Succo di 1 limone
- Sale e pepe q.b.

Istruzioni:

1. In una ciotola, mescola il farro cotto con i ceci scolati, i pomodori secchi tagliati a pezzetti e le olive nere tagliate a rondelle.

2. Prepara la salsa mescolando l'olio d'oliva extravergine con il succo di limone, il basilico spezzettato, il sale e il pepe.

3. Versa la salsa sulla ciotola con il farro, ceci, pomodori secchi e olive e mescola bene per far insaporire gli ingredienti.

4. Lascia riposare l'insalata di farro con ceci e pomodori secchi in frigorifero per almeno 30 minuti prima di servire, in modo che i sapori si mescolino bene.

5. Servi l'insalata di farro con ceci e pomodori secchi come piatto unico per un pasto completo, oppure gustala come contorno saporito accanto a carni o pesce.

Questa insalata di farro con ceci e pomodori secchi è un piatto sostanzioso e nutriente, perfetto per un pasto completo e bilanciato.

Ricetta 32: Sushi di Salmone Selvaggio con Avocado e Cetriolo

Introduzione agli alimenti:

Questo sushi di salmone selvaggio con avocado e cetriolo è una prelibatezza per gli amanti del pesce. Il salmone selvaggio offre un sapore unico e ricco di omega-3, mentre l'avocado e il cetriolo aggiungono una nota di freschezza e cremosità. Un piatto raffinato e gustoso, perfetto per un'occasione speciale o per chi desidera gustare sapori marini.

Ingredienti per 4 persone:

Per il sushi:

- Fogli di alga nori
- 2 tazze di riso per sushi, cotto e condito con aceto di riso e zucchero
- 200g di salmone selvaggio affumicato o crudo, tagliato a fette sottili
- 1 avocado maturo, tagliato a fettine sottili
- 1 cetriolo, tagliato a bastoncini sottili

Per accompagnare:

- Wasabi (pasta di rafano giapponese)
- Zenzero in salamoia (gari)
- Salsa di soia (shoyu) o salsa di soia a basso contenuto di sodio

Istruzioni:

1. Posiziona un foglio di alga nori sulla mattonella per sushi o su una superficie piana.

2. Stendi uno strato uniforme di riso per sushi sulla metà inferiore del foglio di alga nori, lasciando una piccola bordatura vuota sulla parte inferiore.

3. Disponi le fettine di salmone selvaggio, le fettine di avocado e i bastoncini di cetriolo sopra lo strato di riso.

4. Con l'aiuto della mattonella per sushi o delle mani bagnate, arrotola delicatamente l'alga nori intorno al ripieno, sigillando la parte vuota con un po' di acqua per far aderire il sushi.

5. Taglia il rotolo di sushi ottenuto in pezzi della dimensione desiderata e servi con wasabi, zenzero in salamoia e salsa di soia.

Questo sushi di salmone selvaggio con avocado e cetriolo è un piatto elegante e gustoso, perfetto per una cena raffinata o una serata speciale.

Ricetta 33: Pollo alla Griglia con Salsa di Yogurt e Erbe

Introduzione agli alimenti:

Questo pollo alla griglia con salsa di yogurt e erbe è una delizia proteica e saporita. Il pollo offre una carne succulenta e magra, mentre la salsa di yogurt e erbe conferisce freschezza e sapore. Un secondo piatto gustoso e leggero, perfetto per un pranzo o una cena bilanciata.

Ingredienti per 4 persone:

Per il pollo:

- 4 petti di pollo disossati e senza pelle
- Succo di 1 limone
- 2 cucchiai di olio d'oliva extravergine
- 2 spicchi d'aglio, tritati finemente
- 1 cucchiaino di paprika
- Sale e pepe q.b.

Per la salsa di yogurt e erbe:

- 1 tazza di yogurt greco naturale
- 1/4 di tazza di prezzemolo fresco, tritato finemente

- 1/4 di tazza di menta fresca, tritata finemente
- Succo di 1 limone
- 1 spicchio d'aglio, tritato finemente
- Sale e pepe q.b.

Istruzioni:

1. In una ciotola, prepara la marinatura per il pollo mescolando il succo di limone, l'olio d'oliva extravergine, gli spicchi d'aglio tritati, la paprika, il sale e il pepe.

2. Aggiungi i petti di pollo nella ciotola con la marinatura e lasciali marinare per almeno 30 minuti.

3. Preriscalda la griglia e cuoci i petti di pollo marinati fino a quando sono ben cotti e dorati.

4. Mentre il pollo cuoce, prepara la salsa di yogurt e erbe mescolando lo yogurt greco con il prezzemolo tritato, la menta tritata, il succo di limone, lo spicchio d'aglio tritato, il sale e il pepe.

5. Servi il pollo alla griglia con la salsa di yogurt e erbe sopra, guarnendo con foglie di menta fresca.

Questo pollo alla griglia con salsa di yogurt e erbe è un secondo piatto delizioso e leggero, ideale per una cena gustosa e bilanciata.

Ricetta 34: Frittata di Verdure con Zucchine e Peperoni

Introduzione agli alimenti:

Questa frittata di verdure con zucchine e peperoni è un piatto versatile e nutriente. Le zucchine e i peperoni offrono colori vivaci e un sapore delizioso, mentre le uova completano il piatto con proteine di alta qualità. Una frittata semplice da preparare, perfetta per la colazione, il pranzo o la cena.

Ingredienti per 4 persone:

- 6 uova (bianchi, senza tuorlo)
- 1 zucchina grande, tagliata a rondelle sottili
- 1 peperone (rosso, giallo o verde), tagliato a striscioline
- 1 cipolla media, tagliata a fettine sottili
- 1 spicchio d'aglio, tritato finemente
- 2 cucchiai di olio d'oliva extravergine
- 1/4 di tazza di formaggio grattugiato a scelta (come parmigiano, pecorino o cheddar)
- Sale e pepe q.b.

Istruzioni:

1. In una padella antiaderente, scalda l'olio d'oliva extravergine a fuoco medio. Aggiungi la cipolla tritata e cuoci fino a quando diventa traslucida.

2. Aggiungi lo spicchio d'aglio tritato nella padella e cuoci per un altro minuto fino a quando gli aromi si sprigionano.

3. Aggiungi le rondelle di zucchine e le striscioline di peperone nella padella e cuoci finché le verdure sono tenere ma ancora croccanti.

4. In una ciotola, sbatti le uova con il formaggio grattugiato, il sale e il pepe.

5. Versa le uova sbattute sopra le verdure nella padella e distribuiscile uniformemente.

6. Cuoci la frittata a fuoco medio-basso fino a quando le uova sono completamente cotte e il formaggio si è sciolto.

7. Con l'aiuto di un coperchio o un piatto rovesciato, capovolgi la frittata per cuocere

anche l'altro lato per qualche minuto, se desideri una consistenza più compatta.

8. Servi la frittata di verdure con zucchine e peperoni calda o a temperatura ambiente, tagliata a spicchi.

Questa frittata di verdure con zucchine e peperoni è un piatto versatile e gustoso, perfetto per essere gustato in diverse occasioni e in diverse varianti di verdure.

Ricetta 35: Insalata di Lenticchie con Feta e Olive

o/ senza olive

Introduzione agli alimenti:

Questa insalata di lenticchie con feta e olive è una combinazione di sapori mediterranei che delizieranno il palato. Le lenticchie sono una fonte di proteine e fibre, mentre la feta e le olive aggiungono una nota salata e gustosa. Un contorno nutriente e saporito, perfetto per accompagnare carne, pesce o altre insalate.

Ingredienti per 4 persone:

- 2 tazze di lenticchie verdi cotte
- 1/2 tazza di feta, sbriciolata
- 1/4 di tazza di olive nere, denocciolate e tagliate a rondelle
- 1 cipolla rossa media, tagliata a fettine sottili
- Foglie di prezzemolo fresco, spezzettate
- 2 cucchiai di olio d'oliva extravergine
- Succo di 1 limone
- Sale e pepe q.b.

Istruzioni:

1. In una ciotola, mescola le lenticchie cotte con la feta sbriciolata, le olive nere tagliate a rondelle e la cipolla rossa tagliata a fettine sottili.

2. Prepara la salsa mescolando l'olio d'oliva extravergine con il succo di limone, il prezzemolo spezzettato, il sale e il pepe.

3. Versa la salsa sulla ciotola con le lenticchie, feta, olive e cipolla e mescola bene per far insaporire gli ingredienti.

4. Lascia riposare l'insalata di lenticchie con feta e olive in frigorifero per almeno 30 minuti prima di servire, in modo che i sapori si mescolino bene.

5. Servi l'insalata di lenticchie con feta e olive come contorno per accompagnare piatti di carne o pesce, oppure gustala come piatto principale per un pasto leggero e nutriente.

Questa insalata di lenticchie con feta e olive è un contorno gustoso e nutriente, ideale per arricchire i tuoi pasti con ingredienti mediterranei.

Ricetta 36: Spinaci Saltati in Padella con Pinoli e Uvetta

Introduzione agli alimenti:

Gli spinaci saltati in padella con pinoli e uvetta sono un contorno saporito e ricco di nutrienti. Gli spinaci sono una fonte di ferro e vitamine, mentre i pinoli e l'uvetta conferiscono un tocco di sapore e dolcezza. Un contorno semplice e veloce da preparare, perfetto per accompagnare una varietà di piatti.

Ingredienti per 4 persone:

- 500g di spinaci freschi, lavati e sgocciolati
- 1/4 di tazza di pinoli
- 1/4 di tazza di uvetta
- 2 cucchiai di olio d'oliva extravergine
- 2 spicchi d'aglio, tritati finemente
- Sale e pepe q.b.

Istruzioni:

1. In una padella antiaderente, tosta i pinoli a fuoco medio fino a quando sono leggermente dorati. Tienili da parte.

2. Nella stessa padella, scalda l'olio d'oliva extravergine a fuoco medio. Aggiungi gli spicchi d'aglio tritati e cuoci fino a quando gli aromi si sprigionano.

3. Aggiungi gli spinaci freschi nella padella e cuoci finché si appassionano e si riducono di volume.

4. Aggiungi i pinoli tostati e l'uvetta nella padella con gli spinaci e mescola bene.

5. Condisci con sale e pepe a piacere.

6. Servi gli spinaci saltati in padella con pinoli e uvetta come contorno per accompagnare piatti di carne, pesce o altre verdure.

Questi spinaci saltati in padella con pinoli e uvetta sono un contorno gustoso e ricco di nutrienti, perfetto per arricchire i tuoi pasti con sapori e texture diversi.

Ricetta 37: Tofu Marinato con Salsa di Soia e Aglio

Introduzione agli alimenti:

Questo tofu marinato con salsa di soia e aglio è un'alternativa proteica e saporita alla carne. Il tofu offre proteine vegetali, mentre la marinatura con salsa di soia e aglio conferisce un gusto delizioso. Un piatto facile da preparare, perfetto per arricchire una varietà di piatti.

Ingredienti per 4 persone:

- 400g di tofu, tagliato a cubetti
- 4 cucchiai di salsa di soia (o salsa tamari per una versione senza glutine)
- 2 spicchi d'aglio, tritati finemente
- 2 cucchiai di olio di sesamo
- 1 cucchiaio di sciroppo d'acero o miele
- Peperoncino rosso a piacere (opzionale, per un tocco piccante)

Istruzioni:

1. In una ciotola, prepara la marinatura per il tofu mescolando la salsa di soia (o salsa tamari), gli spicchi d'aglio tritati, l'olio di sesamo, lo

sciroppo d'acero o il miele e il peperoncino rosso a piacere.

2. Aggiungi i cubetti di tofu nella ciotola con la marinatura e lasciali marinare per almeno 30 minuti.

3. Scalda una padella antiaderente e cuoci i cubetti di tofu marinato fino a quando sono dorati e croccanti.

4. Servi il tofu marinato con salsa di soia e aglio come piatto principale accanto a verdure saltate, riso o altri contorni.

Questo tofu marinato con salsa di soia e aglio è un'alternativa saporita e proteica alla carne, perfetto per soddisfare i palati vegani e vegetariani.

Ricetta 38: Zuppa di Fagioli Bianchi con Rosmarino e Timo

Introduzione agli alimenti:

Questa zuppa di fagioli bianchi con rosmarino e timo è un comfort food sostanzioso e profumato. I fagioli bianchi offrono proteine e fibre, mentre il rosmarino e il timo conferiscono profondità di sapore. Una zuppa calda e avvolgente, perfetta per riscaldarsi nelle giornate fresche o per un pasto completo e nutriente.

Ingredienti per 4 persone:

- 2 tazze di fagioli bianchi cotti (in scatola o secchi ammollati e cotti)
- 1 cipolla media, tritata finemente
- 2 spicchi d'aglio, tritati finemente
- 2 rametti di rosmarino fresco
- 2 rametti di timo fresco
- 4 tazze di brodo vegetale
- 2 cucchiai di olio d'oliva extravergine
- Sale e pepe q.b.

Istruzioni:

1. In una pentola grande, scalda l'olio d'oliva extravergine a fuoco medio. Aggiungi la cipolla tritata e cuoci fino a quando diventa traslucida.

2. Aggiungi gli spicchi d'aglio tritati nella pentola e cuoci per un altro minuto fino a quando gli aromi si sprigionano.

3. Aggiungi i fagioli bianchi nella pentola e mescola bene con la cipolla e l'aglio.

4. Aggiungi i rametti di rosmarino e timo nella pentola e versaci sopra il brodo vegetale, coprendo completamente i fagioli.

5. Porta la zuppa di fagioli bianchi a ebollizione, quindi riduci il fuoco e lascia sobbollire a fuoco medio-basso per circa 15-20 minuti, o finché i sapori si sono mescolati e i fagioli sono morbidi.

6. Condisci con sale e pepe a piacere, e rimuovi i rametti di rosmarino e timo prima di servire.

7. Servi la zuppa di fagioli bianchi con rosmarino e timo calda, guarnendo con una spruzzata di

olio d'oliva extravergine e qualche fogliolina di timo fresco.

Questa zuppa di fagioli bianchi con rosmarino e timo è un comfort food sostanzioso e profumato, perfetto per scaldarsi nelle giornate fresche.

Ricetta 39: Spaghetti di Grano Saraceno con Pesto di Basilico

Introduzione agli alimenti:

Questi spaghetti di grano saraceno con pesto di basilico sono una variante senza glutine della classica pasta al pesto. Il grano saraceno offre carboidrati complessi e un sapore rustico, mentre il pesto di basilico conferisce freschezza e aromaticità. Un piatto sfizioso e leggero, perfetto per chi desidera gustare una pasta diversa e senza glutine.

Ingredienti per 4 persone:

- 400g di spaghetti di grano saraceno
- 2 tazze di foglie di basilico fresco
- 1/2 tazza di noci o pinoli
- 1/2 tazza di olio d'oliva extravergine
- 2 spicchi d'aglio, tritati finemente
- 1/2 tazza di formaggio grattugiato a scelta (come parmigiano o pecorino) o lievito alimentare in scaglie per una versione vegana
- Sale e pepe q.b.

Istruzioni:

1. Prepara il pesto di basilico mettendo le foglie di basilico, le noci o i pinoli, gli spicchi d'aglio, il formaggio grattugiato o il lievito alimentare in scaglie, il sale e il pepe in un frullatore.

2. Frulla gli ingredienti del pesto insieme, aggiungendo gradualmente l'olio d'oliva extravergine fino a ottenere una salsa cremosa.

3. Cuoci gli spaghetti di grano saraceno in abbondante acqua salata seguendo le istruzioni sulla confezione, finché sono al dente.

4. Scola gli spaghetti di grano saraceno e condiscili con il pesto di basilico, mescolando bene per far insaporire la pasta.

5. Servi gli spaghetti di grano saraceno con pesto di basilico caldi, guarnendo con foglie di basilico fresco e una spolverata di formaggio grattugiato, se desideri.

Questi spaghetti di grano saraceno con pesto di basilico sono una delizia senza glutine, perfetti per chi desidera gustare una pasta diversa e saporita.

Ricetta 40: Salmone al Forno con Salsa di Limone e Erbe

Introduzione agli alimenti:

Questo salmone al forno con salsa di limone e erbe è un piatto di pesce semplice e delizioso. Il salmone è una fonte di omega-3 e proteine di alta qualità, mentre la salsa di limone e erbe conferisce freschezza e profondità di sapore. Un secondo piatto gustoso e nutriente, perfetto per una cena speciale o una cena a base di pesce.

Ingredienti per 4 persone:

- 4 filetti di salmone (circa 150g ciascuno)
- 1 limone, il succo e la scorza grattugiata
- 2 cucchiai di olio d'oliva extravergine
- 2 spicchi d'aglio, tritati finemente
- Foglie di timo fresco, spezzettate
- Foglie di rosmarino fresco, spezzettate
- Sale e pepe q.b.

Istruzioni:

1. Prepara la marinatura per il salmone mescolando il succo di limone, la scorza grattugiata, l'olio d'oliva extravergine, gli spicchi

d'aglio tritati, il timo spezzettato, il rosmarino spezzettato, il sale e il pepe in una ciotola.

2. Metti i filetti di salmone nella ciotola con la marinatura e lasciali marinare per almeno 30 minuti.

3. Preriscalda il forno a 200°C.

4. Trasferisci i filetti di salmone su una teglia foderata con carta da forno e versa sopra un po' di marinatura.

5. Cuoci il salmone al forno per circa 15-20 minuti o finché è cotto e si sfalda facilmente con una forchetta.

6. Servi il salmone al forno con salsa di limone e erbe caldo, guarnendo con alcune foglie di timo e rosmarino fresco.

Questo salmone al forno con salsa di limone e erbe è un piatto semplice e gustoso, perfetto per una cena speciale o una serata a base di pesce.

41. Quiche di Verdure senza Crosta

Introduzione agli alimenti:

Questa quiche di verdure senza crosta è una versione leggera e salutare della classica quiche. Le verdure offrono vitamine e minerali, mentre le uova bianche conferiscono proteine di alta qualità. Una preparazione senza pasta, perfetta per chi desidera ridurre l'apporto di carboidrati o segue un'alimentazione senza glutine.

Ingredienti per 4 persone:

- 6 uova bianche (albumi)
- 1 zucchina media, tagliata a cubetti
- 1 peperone (rosso, giallo o verde), tagliato a cubetti
- 1 cipolla media, tagliata a fettine sottili
- 1 spicchio d'aglio, tritato finemente
- 1/2 tazza di pomodorini ciliegia, tagliati a metà
- 1/2 tazza di formaggio grattugiato a scelta (come parmigiano o cheddar)
- 1 cucchiaio di olio d'oliva extravergine
- Foglie di basilico fresco, per guarnire
- Sale e pepe q.b.

Istruzioni:

1. Preriscalda il forno a 180°C.

2. In una padella antiaderente, scalda l'olio d'oliva extravergine a fuoco medio. Aggiungi la cipolla tritata e cuoci fino a quando diventa traslucida.

3. Aggiungi lo spicchio d'aglio tritato nella padella e cuoci per un altro minuto fino a quando gli aromi si sprigionano.

4. Aggiungi le zucchine e i peperoni nella padella e cuoci finché le verdure sono tenere ma ancora croccanti.

5. In una ciotola, sbatti le uova bianche con il formaggio grattugiato, il sale e il pepe.

6. Aggiungi le verdure saltate nella ciotola con le uova sbattute e mescola bene.

7. Versa il composto di uova e verdure in una pirofila leggermente unta con olio d'oliva.

8. Disponi i pomodorini ciliegia tagliati a metà sopra il composto.

9. Cuoci la quiche di verdure senza crosta nel forno preriscaldato per circa 25-30 minuti o finché è dorata e cotta al centro.

10. Guarnisci con foglie di basilico fresco prima di servire.

Questa quiche di verdure senza crosta è un piatto leggero e saporito, perfetto per una colazione, un brunch o una cena leggera.

Ricetta 42: Sformato di Quinoa con Broccoli e Formaggio Senza Grassi

Introduzione agli alimenti:

Questo sformato di quinoa con broccoli e formaggio senza grassi è un piatto nutriente e cremoso senza l'aggiunta di grassi saturi. La quinoa offre proteine e fibre, mentre i broccoli conferiscono vitamine e minerali. Una preparazione leggera ma deliziosa, ideale per arricchire il pranzo o la cena.

Ingredienti per 4 persone:

- 1 tazza di quinoa
- 2 tazze di brodo vegetale
- 2 tazze di broccoli, tagliati a piccoli pezzi
- 1 cipolla media, tritata finemente
- 2 spicchi d'aglio, tritati finemente
- 1 tazza di latte scremato o latte vegetale senza grassi
- 4 uova bianche
- 1/2 tazza di formaggio a ridotto contenuto di grassi (come formaggio fresco o ricotta)
- Sale e pepe q.b.

Istruzioni:

1. Preriscalda il forno a 180°C.

2. In una pentola, porta a ebollizione il brodo vegetale e aggiungi la quinoa. Copri e lascia cuocere a fuoco basso finché la quinoa assorbe completamente il brodo e diventa morbida.

3. In una padella antiaderente, scalda un po' di acqua o brodo vegetale e aggiungi la cipolla tritata e lo spicchio d'aglio tritato. Cuoci fino a quando la cipolla diventa traslucida.

4. Aggiungi i broccoli nella padella con la cipolla e l'aglio e cuoci finché sono teneri ma ancora croccanti.

5. In una ciotola, sbatti le uova bianche con il latte scremato o il latte vegetale senza grassi, il formaggio a ridotto contenuto di grassi, il sale e il pepe.

6. Aggiungi la quinoa cotta e i broccoli saltati nella ciotola con le uova sbattute e mescola bene.

7. Versa il composto di quinoa e broccoli in una pirofila leggermente unta con olio d'oliva.

8. Cuoci lo sformato di quinoa con broccoli e formaggio senza grassi nel forno preriscaldato per circa 25-30 minuti o finché è dorato e cotto al centro.

9. Lascia riposare per alcuni minuti prima di servire.

Questo sformato di quinoa con broccoli e formaggio senza grassi è un piatto cremoso e nutriente, perfetto per una cena leggera o un pranzo equilibrato.

Ricetta 43: Insalata di Grano Saraceno con Mandorle e Ciliegie

[annotazione manoscritta: Sì ma con cipolle cotte]

Introduzione agli alimenti:

Questa insalata di grano saraceno con mandorle e ciliegie è una combinazione di sapori unica e fresca. Il grano saraceno offre carboidrati complessi e proteine vegetali, mentre le mandorle e le ciliegie conferiscono dolcezza e croccantezza. Una ricetta estiva e colorata, perfetta per un pranzo leggero o un buffet di antipasti.

Ingredienti per 4 persone:

- 1 tazza di grano saraceno
- 2 tazze di acqua
- 1/2 tazza di mandorle, tostate e tritate grossolanamente
- 1 tazza di ciliegie fresche, denocciolate e tagliate a metà
- 1/4 di tazza di cipolla rossa, tagliata a fettine sottili
- 1/4 di tazza di prezzemolo

 fresco, spezzettato
- Succo di 1 limone

- 2 cucchiai di olio d'oliva extravergine
- Sale e pepe q.b.

Istruzioni:

1. In una pentola, porta a ebollizione l'acqua e aggiungi il grano saraceno. Cuoci a fuoco basso fino a quando il grano saraceno assorbe completamente l'acqua e diventa morbido.

2. Scola il grano saraceno e lascialo raffreddare.

3. In una ciotola, mescola il grano saraceno cotto con le mandorle tritate, le ciliegie tagliate a metà, la cipolla rossa a fettine sottili e il prezzemolo spezzettato.

4. Prepara la salsa mescolando il succo di limone, l'olio d'oliva extravergine, il sale e il pepe.

5. Versa la salsa sull'insalata di grano saraceno e mescola bene per far insaporire gli ingredienti.

6. Lascia riposare l'insalata di grano saraceno con mandorle e ciliegie in frigorifero per almeno 30 minuti prima di servire.

7. Guarnisci con alcune ciliegie fresche e mandorle tritate prima di servire.

Questa insalata di grano saraceno con mandorle e ciliegie è un'esplosione di sapori estivi, perfetta per un pranzo leggero o un buffet di antipasti.

Ricetta 44: Bruschette di Pomodoro con Basilico e Olio d'Oliva

Introduzione agli alimenti:

Queste bruschette di pomodoro con basilico e olio d'oliva sono un antipasto fresco e gustoso. Il pane integrale offre carboidrati complessi, mentre i pomodori e il basilico conferiscono sapori mediterranei. Una preparazione semplice e veloce, perfetta per un aperitivo o una cena informale.

Ingredienti per 4 persone:

- 8 fette di pane integrale
- 2 pomodori maturi, tagliati a cubetti
- Foglie di basilico fresco
- 2 cucchiai di olio d'oliva extravergine
- 1 spicchio d'aglio, pelato
- Sale e pepe q.b.

Istruzioni:

1. Griglia le fette di pane integrale su entrambi i lati finché sono leggermente tostate e croccanti.

2. Strofina l'aglio pelato sulle fette di pane tostate per conferire un sapore leggero.

3. In una ciotola, mescola i cubetti di pomodoro con alcune foglie di basilico fresco spezzettate, l'olio d'oliva extravergine, il sale e il pepe.

4. Disponi il composto di pomodoro e basilico sopra le fette di pane tostate.

5. Guarnisci con altre foglie di basilico fresco prima di servire.

Queste bruschette di pomodoro con basilico e olio d'oliva sono un antipasto fresco e delizioso, perfetto per un aperitivo o una cena informale.

Ricetta 45: Tacos di Pesce con Mango e Avocado

Introduzione agli alimenti:

Questi tacos di pesce con mango e avocado sono un'esplosione di sapori freschi e tropicali. Il pesce offre proteine e omega-3, mentre il mango e l'avocado conferiscono dolcezza e cremosità. Una combinazione gustosa e colorata, perfetta per un pranzo o una cena estiva.

Ingredienti per 4 persone:

- 8 tortillas di mais o farina
- 500g di filetti di pesce (come tilapia, merluzzo o branzino)
- 1 mango maturo, tagliato a cubetti
- 1 avocado maturo, tagliato a fettine sottili
- 1/2 cipolla rossa, tagliata a fettine sottili
- Succo di 1 limone o lime
- 1/4 di tazza di coriandolo fresco, spezzettato
- Peperoncino fresco a piacere, tagliato a rondelle sottili (opzionale)
- Sale e pepe q.b.

Istruzioni:

1. Scalda le tortillas di mais o farina in una padella antiaderente fino a quando sono morbide e flessibili.

2. Griglia i filetti di pesce su una piastra calda fino a quando sono cotti e si sfaldano facilmente con una forchetta.

3. Prepara la salsa mescolando i cubetti di mango con le fettine di avocado, le fettine di cipolla rossa, il succo di limone o lime, il coriandolo fresco spezzettato, il peperoncino fresco a piacere, il sale e il pepe.

4. Riempire ogni tortilla con un po' di pesce grigliato e la salsa di mango e avocado.

5. Arrotola le tortillas su se stesse e chiudi con un po' di coriandolo fresco.

Questi tacos di pesce con mango e avocado sono un'esplosione di sapori tropicali, perfetti per un pranzo o una cena estiva leggera e gustosa.

Ricetta 46: Salsa di Pomodoro Fatta in Casa con Aglio e Basilico

Introduzione agli alimenti:

Questa salsa di pomodoro fatta in casa con aglio e basilico è un classico della cucina mediterranea. I pomodori freschi offrono vitamine e antiossidanti, mentre l'aglio e il basilico conferiscono sapori e profumi intensi. Una salsa versatile, perfetta per condire la pasta, le bruschette o altre pietanze.

Ingredienti per 4 persone:

- 1 kg di pomodori maturi, pelati e tagliati a cubetti
- 4 spicchi d'aglio, tritati finemente
- Foglie di basilico fresco
- 2 cucchiai di olio d'oliva extravergine
- Sale e pepe q.b.

Istruzioni:

1. In una pentola, scalda l'olio d'oliva extravergine a fuoco medio.

2. Aggiungi gli spicchi d'aglio tritati nella pentola e cuoci fino a quando gli aromi si sprigionano.

3. Aggiungi i cubetti di pomodoro nella pentola e cuoci a fuoco medio-basso, lasciando sobbollire la salsa fino a quando i pomodori si disfano e la salsa si addensa leggermente.

4. Aggiungi qualche foglia di basilico fresco nella salsa e mescola bene.

5. Regola il sale e il pepe a piacere.

6. Continua a cuocere la salsa di pomodoro fino a quando ha raggiunto la consistenza desiderata.

7. Servi la salsa di pomodoro fatta in casa con aglio e basilico calda o fredda, a seconda delle preferenze.

Questa salsa di pomodoro fatta in casa con aglio e basilico è un condimento versatile e saporito, perfetto per accompagnare pasta, bruschette o altre preparazioni.

Ricetta 47: Pollo al Limone con Asparagi e Patate

Introduzione agli alimenti:

Questo pollo al limone con asparagi e patate è un piatto completo e saporito. Il pollo offre proteine magre, mentre gli asparagi e le patate conferiscono vitamine e fibre. Una preparazione semplice ma gustosa, perfetta per una cena in famiglia o una occasione speciale.

Ingredienti per 4 persone:

- 4 petti di pollo senza pelle e senza ossa
- 1 mazzo di asparagi, puliti e tagliati a pezzetti
- 4 patate medie, sbucciate e tagliate a cubetti
- Succo di 2 limoni
- 1/4 di tazza di prezzemolo fresco, spezzettato
- 2 cucchiai di olio d'oliva extravergine
- 2 spicchi d'aglio, tritati finemente
- Sale e pepe q.b.

Istruzioni:

1. Preriscalda il forno a 200°C.

2. In una ciotola, mescola insieme il succo di limone, il prezzemolo fresco spezzettato, l'olio d'oliva extravergine, gli spicchi d'aglio tritati, il sale e il pepe.

3. Disponi i petti di pollo, gli asparagi e le patate in una teglia da forno.

4. Versa la marinatura sopra il pollo, gli asparagi e le patate, assicurandoti di distribuire uniformemente.

5. Cuoci il pollo al limone con asparagi e patate nel forno preriscaldato per circa 25-30 minuti o finché il pollo è cotto e le patate sono tenere.

6. Servi il pollo al limone con asparagi e patate caldo, guarnendo con un po' di prezzemolo fresco.

Questo pollo al limone con asparagi e patate è un piatto completo e saporito, perfetto per una cena in famiglia o una occasione speciale.

Ricetta 48: Salmone alla Griglia con Quinoa e Verdure

si senza quinoa

Introduzione agli alimenti:
Questo salmone alla griglia con quinoa e verdure è un piatto sano e gustoso. Il salmone offre proteine e omega-3, mentre la quinoa e le verdure conferiscono carboidrati complessi e vitamine. Una preparazione equilibrata e nutriente, perfetta per una cena leggera ma sostanziosa.

Ingredienti per 4 persone:

- 4 filetti di salmone (circa 150g ciascuno)
- 1 tazza di quinoa
- 2 tazze di brodo vegetale
- 2 zucchine, tagliate a cubetti
- 1 peperone (rosso, giallo o verde), tagliato a cubetti
- 1 cipolla media, tagliata a fettine sottili
- 2 cucchiai di olio d'oliva extravergine
- 2 cucchiai di salsa di soia
- Succo di 1 limone
- Sale e pepe q.b.

Istruzioni:

1. In una pentola, porta a ebollizione il brodo vegetale e aggiungi la quinoa. Copri e lascia cuocere a fuoco basso finché la quinoa assorbe completamente il brodo e diventa morbida.

2. In una padella antiaderente, scalda un po' di acqua o brodo vegetale e aggiungi la cipolla a fettine sottili. Cuoci fino a quando la cipolla diventa traslucida.

3. Aggiungi le zucchine e i peperoni nella padella con la cipolla e cuoci finché le verdure sono tenere ma ancora croccanti.

4. Preriscalda una griglia e spennella i filetti di salmone con un po' di olio d'oliva extravergine, la salsa di soia, il succo di limone, il sale e il pepe.

5. Griglia i filetti di salmone per circa 4-5 minuti per lato o finché sono cotti ma ancora succosi.

6. Mescola insieme la quinoa cotta con le verdure saltate e servi come contorno per il salmone alla griglia.

Questo salmone alla griglia con quinoa e verdure è un piatto equilibrato e nutriente, perfetto per una cena leggera ma sostanziosa.

Ricetta 49: Frittata di Uova Bianche con Spinaci e Pomodori Secchi

Introduzione agli alimenti:

Questa frittata di uova bianche con spinaci e pomodori secchi è una variante leggera e salutare della classica frittata. Le uova bianche offrono proteine di alta qualità, mentre gli spinaci e i pomodori secchi conferiscono sapori e consistenze diverse. Una preparazione senza l'aggiunta di grassi saturi, perfetta per una colazione o un brunch.

Ingredienti per 4 persone:

- 8 uova bianche
- 2 tazze di spinaci freschi
- 1/4 di tazza di pomodori secchi, ammollati e tagliati a pezzetti
- 1/2 cipolla media, tagliata a fettine sottili
- 2 spicchi d'aglio, tritati finemente
- 1/2 tazza di formaggio grattugiato a scelta (come parmigiano o cheddar) o lievito alimentare in scaglie per una versione vegana
- 2 cucchiai di olio d'oliva extravergine
- Sale e pepe q.b.

Istruzioni:

1. In una padella antiaderente, scalda un po' di acqua o brodo vegetale e aggiungi la cipolla a fettine sottili. Cuoci fino a quando la cipolla diventa traslucida.

2. Aggiungi gli spicchi d'aglio tritati nella padella con la cipolla e cuoci fino a quando gli aromi si sprigionano.

3. Aggiungi gli spinaci freschi nella padella e cuoci fino a quando si appassionano ma sono ancora croccanti.

4. In una ciotola, sbatti le uova bianche con il formaggio grattugiato o il lievito alimentare in scaglie, il sale e il pepe.

5. Aggiungi gli spinaci saltati e i pomodori secchi tagliati a pezzetti nella ciotola con le uova sbattute e mescola bene.

6. Scalda un po' di olio d'oliva extravergine nella stessa padella antiaderente pulita e versa il composto di uova e verdure nella padella.

7. Cuoci la frittata di uova bianche con spinaci e pomodori secchi a fuoco medio-basso fino a quando è ben cotta da entrambi i lati.

8. Servi la frittata calda o fredda, a seconda delle preferenze.

Questa frittata di uova bianche con spinaci e pomodori secchi è una variante leggera e salutare della classica frittata, perfetta per una colazione o un brunch sano e gustoso.

Ricetta 50: Zuppa di Lenticchie con Carote e Cipolle

Introduzione agli alimenti:

Questa zuppa di lenticchie con carote e cipolle è un comfort food nutriente e gustoso. Le lenticchie offrono proteine e fibre, mentre le carote e le cipolle conferiscono dolcezza e consistenza. Una preparazione semplice ma saporita, perfetta per scaldarsi durante le giornate più fresche.

Ingredienti per 4 persone:

- 1 tazza di lenticchie secche
- 2 carote medie, sbucciate e tagliate a cubetti
- 1 cipolla media, tritata finemente
- 2 spicchi d'aglio, tritati finemente
- 1 litro di brodo vegetale
- 2 cucchiai di olio d'oliva extravergine
- 1 cucchiaino di cumino in polvere
- 1 cucchiaino di paprika affumicata
- Sale e pepe q.b.

Istruzioni:

1. In una pentola, scalda l'olio d'oliva extravergine a fuoco medio.

2. Aggiungi la cipolla tritata e gli spicchi d'aglio tritati nella pentola e cuoci fino a quando diventano traslucidi.

3. Aggiungi le carote tagliate a cubetti nella pentola con la cipolla e l'aglio e cuoci finché le carote iniziano a ammorbidirsi.

4. Aggiungi le lenticchie secche nella pentola e mescola bene per farle insaporire.

5. Aggiungi il cumino in polvere, la paprika affumicata, il sale e il pepe nella pentola e mescola bene.

6. Versa il brodo vegetale nella pentola e porta a ebollizione.

7. Riduci la fiamma e lascia sobbollire la zuppa di lenticchie con carote e cipolle finché le lenticchie sono cotte e la zuppa si addensa leggermente.

8. Aggiusta il sale e il pepe a piacere.

9. Servi la zuppa di lenticchie calda, guarnendo con una spruzzata di pepe nero macinato fresco.

Questa zuppa di lenticchie con carote e cipolle è un comfort food nutriente e gustoso, perfetto per scaldarsi durante le giornate più fresche.

Ricetta 51: Sushi Vegetariano con Avocado, Cetriolo e Carote

Introduzione agli alimenti:

Il sushi vegetariano è una versione senza pesce del famoso piatto giapponese. Questa variante fresca e colorata è riempita con avocado cremoso, cetriolo croccante e carote croccanti. Servito con salsa di soia e wasabi, è un'opzione gustosa e sana per gli amanti del sushi.

Ingredienti per 4 persone:

- 4 fogli di alga nori
- 2 tazze di riso per sushi (riso giapponese a grani corti)
- 4 fette di avocado, tagliate a strisce sottili
- 1 cetriolo, tagliato a strisce sottili
- 1 carota, tagliata a strisce sottili
- 1 cucchiaino di zucchero
- 2 cucchiai di aceto di riso
- 1/2 cucchiaino di sale
- Wasabi e salsa di soia per servire

Istruzioni:

1. Prepara il riso per sushi seguendo le istruzioni sulla confezione. Una volta cotto, trasferiscilo in una ciotola e aggiungi l'aceto di riso, lo zucchero e il sale. Mescola bene per amalgamare gli ingredienti e lascia raffreddare leggermente.

2. Disponi un foglio di alga nori su un tappetino per sushi o un foglio di pellicola trasparente.

3. Bagna leggermente le mani con acqua per evitare che il riso si attacchi e prendi una porzione di riso. Stendi uniformemente il riso sulla metà inferiore del foglio di alga nori, lasciando circa 2 cm di bordo libero sulla parte inferiore.

4. Disponi strisce di avocado, cetriolo e carote lungo il centro del riso.

5. Inizia a arrotolare il sushi con l'aiuto del tappetino per sushi o della pellicola, partendo dal lato inferiore e facendo pressione verso l'alto. Assicurati di arrotolare il sushi saldamente, ma senza schiacciare troppo.

6. Sigilla l'estremità del foglio di alga nori con un po' di acqua per far aderire bene.

7. Ripeti il processo per gli altri fogli di alga nori e ingredienti.

8. Con un coltello affilato, taglia ogni rotolo in 8 pezzi.

9. Servi il sushi vegetariano con salsa di soia e wasabi.

Questo sushi vegetariano con avocado, cetriolo e carote è un'alternativa fresca e sana per soddisfare la voglia di sushi, perfetto per una cena leggera o un pranzo veloce.

Ricetta 52: Insalata di Ceci con Pomodori e Olive

Introduzione agli alimenti:

L'insalata di ceci è una pietanza mediterranea ricca di proteine e fibre. In questa versione, i ceci sono arricchiti con pomodori succosi e olive aromatiche. Condita con una vinaigrette leggera, questa insalata è un'opzione deliziosa per un pranzo leggero o come contorno in un pasto principale.

Ingredienti per 4 persone:

- 2 tazze di ceci cotti (puoi utilizzare ceci in scatola o cotti in casa)
- 1 tazza di pomodori ciliegia, tagliati a metà
- 1/2 tazza di olive nere, snocciolate e tagliate a rondelle
- 1/4 di cipolla rossa, tagliata a fettine sottili
- 1/4 di tazza di prezzemolo fresco, spezzettato
- 2 cucchiai di olio d'oliva extravergine
- Succo di 1 limone
- Sale e pepe q.b.

Istruzioni:

1. In una ciotola, mescola i ceci cotti con i pomodori ciliegia, le olive nere, la cipolla rossa e il prezzemolo.

2. Prepara la vinaigrette mescolando l'olio d'oliva extravergine, il succo di limone, il sale e il pepe.

3. Versa la vinaigrette sull'insalata di ceci e mescola bene per far insaporire tutti gli ingredienti.

4. Lascia riposare l'insalata di ceci in frigorifero per almeno 30 minuti prima di servire, in modo che i sapori si amalgamino.

5. Guarnisci con un po' di prezzemolo fresco prima di servire.

Questa insalata di ceci con pomodori e olive è una deliziosa e nutriente pietanza mediterranea, perfetta per un pranzo leggero o come contorno in un pasto principale.

Ricetta 53: Pollo al Curry con Latte di Cocco e Peperoni

Introduzione agli alimenti:

Il pollo al curry con latte di cocco e peperoni è un piatto ricco di sapori esotici e spezie aromatiche. Il pollo offre proteine magre, mentre il latte di cocco rende la salsa cremosa e deliziosa. Servito con riso basmati o naan, questo curry è un'opzione gustosa per un pranzo o una cena dal sapore orientale.

Ingredienti per 4 persone:

- 500g di petti di pollo, tagliati a cubetti
- 1 peperone rosso, tagliato a strisce
- 1 peperone giallo, tagliato a strisce
- 1 cipolla media, tritata finemente
- 3 spicchi d'aglio, tritati finemente
- 1 cucchiaio di pasta di curry rosso o giallo (a seconda delle preferenze)
- 400ml di latte di cocco
- 2 cucchiai di olio vegetale
- 1 cucchiaino di curcuma
- 1 cucchiaino di cumino in polvere
- Sale e pepe q.b.

- Prezzemolo o coriandolo fresco per guarnire (opzionale)
Istruzioni:

1. In una grande padella, scalda l'olio vegetale a fuoco medio-alto.

2. Aggiungi la cipolla tritata nella padella e cuoci fino a quando diventa traslucida.

3. Aggiungi gli spicchi d'aglio tritati e i peperoni a strisce nella padella con la cipolla e cuoci finché i peperoni sono leggermente teneri.

4. Aggiungi la pasta di curry rosso o giallo nella padella e mescola bene per far insaporire gli ingredienti.

5. Aggiungi i cubetti di pollo nella padella e cuoci fino a quando sono dorati e cotti uniformemente.

6. Aggiungi il latte di cocco nella padella con il pollo e i peperoni e mescola bene.

7. Aggiungi la curcuma, il cumino in polvere, il sale e il pepe nella padella e mescola ancora.

8. Lascia sobbollire il curry a fuoco medio-basso per circa 10-15 minuti, o finché la salsa si addensa leggermente.

9. Servi il pollo al curry con latte di cocco e peperoni caldo, guarnendo con un po' di prezzemolo o coriandolo fresco, se desideri.

Questo pollo al curry con latte di cocco e peperoni è un piatto ricco di sapori speziati, perfetto da accompagnare con riso basmati o naan.

Ricetta 54: Hummus fatto in Casa con Bastoncini di Sedano e Carote (ripetizione della ricetta precedente)

Introduzione agli alimenti:

L'hummus è una deliziosa crema a base di ceci, tahini (crema di semi di sesamo), e aromi mediterranei. Questa versione fatta in casa è semplice da preparare e più salutare rispetto a quella confezionata, poiché puoi controllare gli ingredienti e ridurre l'aggiunta di sale. Servito con bastoncini di sedano e carote, questo piatto diventa uno snack gustoso e ricco di fibre.

Ingredienti per 4 persone:

- 1 lattina (400g) di ceci, scolati e sciacquati
- 3 cucchiai di tahini (crema di semi di sesamo)
- 2 spicchi d'aglio
- Succo di 1 limone
- 2 cucchiai di olio d'oliva extravergine
- 1/2 cucchiaino di cumino in polvere
- 1/4 di cucchiaino di paprika dolce
- Sale e pepe q.b.
- Acqua (circa 1/4 di tazza) per regolare la consistenza
- Bastoncini di sedano e carote per servire

Istruzioni:

1. In un frullatore o robot da cucina, metti i ceci scolati, il tahini, gli spicchi d'aglio, il succo di limone, l'olio d'oliva extravergine, il cumino, la paprika dolce, il sale e il pepe.

2. Frulla tutto fino a ottenere una crema omogenea. Se la consistenza risulta troppo densa, aggiungi gradualmente un po' d'acqua alla volta fino a raggiungere la consistenza desiderata.

3. Assaggia l'hummus e regola il sale e il pepe secondo le tue preferenze.

4. Trasferisci l'hummus in una ciotola da portata e guarnisci con un filo di olio d'oliva extravergine e una spolverata di paprika dolce.

5. Servi l'hummus fatto in casa con bastoncini di sedano e carote.

Questo hummus fatto in casa con bastoncini di sedano e carote è un delizioso snack ricco di proteine e fibre, perfetto per spuntini o come antipasto leggero.

Ricetta 55: Spaghetti Integrali con Salsa di Pomodoro e Basilico

Introduzione agli alimenti:

Gli spaghetti integrali con salsa di pomodoro e basilico sono una versione più nutriente e saporita del classico piatto italiano. Gli spaghetti integrali sono ricchi di fibre e sostanze nutritive, mentre la salsa di pomodoro fresca e basilico profumato rendono questo piatto gustoso e leggero. Un'ottima opzione per un pranzo o una cena semplice ma deliziosa.

Ingredienti per 4 persone:

- 400g di spaghetti integrali
- 500g di pomodori maturi, tagliati a cubetti
- 2 spicchi d'aglio, tritati finemente
- 1 mazzetto di basilico fresco, spezzettato
- 2 cucchiai di olio d'oliva extravergine
- Sale e pepe q.b.
- 1/4 di cucchiaino di peperoncino rosso (opzionale, se si desidera un tocco piccante)

Istruzioni:

1. Porta a ebollizione una pentola di acqua leggermente salata e cuoci gli spaghetti integrali seguendo le istruzioni sulla confezione.

2. In una padella grande, scalda l'olio d'oliva extravergine a fuoco medio.

3. Aggiungi gli spicchi d'aglio tritati nella padella e cuoci fino a quando diventano dorati e aromatizzano l'olio.

4. Aggiungi i cubetti di pomodoro nella padella con l'aglio e cuoci a fuoco medio-basso, lasciando sobbollire la salsa fino a quando i pomodori si disfano e la salsa si addensa leggermente.

5. Aggiungi il basilico spezzettato nella salsa di pomodoro e mescola bene. Se desideri un tocco piccante, aggiungi anche il peperoncino rosso.

6. Scolare gli spaghetti integrali al dente e aggiungerli nella padella con la salsa di pomodoro. Mescola bene per far amalgamare gli ingredienti.

7. Regola il sale e il pepe secondo le tue preferenze.

8. Servi gli spaghetti integrali con salsa di pomodoro e basilico caldi, guarnendo con foglie di basilico fresco.

Questi spaghetti integrali con salsa di pomodoro e basilico sono un piatto gustoso e nutriente, perfetto per soddisfare la voglia di pasta in modo più salutare.

Ricetta 56: Tacos Vegetariani con Fagioli Neri, Avocado e Salsa al Pomodoro (ripetizione della ricetta precedente)

Introduzione agli alimenti:

I tacos vegetariani con fagioli neri, avocado e salsa al pomodoro sono una deliziosa opzione senza carne per gli amanti dei sapori messicani. I fagioli neri sono una fonte eccellente di proteine e fibre, mentre l'avocado aggiunge cremosità e sostanze nutritive. Serviti con una salsa al pomodoro fresca e piccante, questi tacos sono un piatto colorato e gustoso.

Ingredienti per 4 persone:

Per i tacos:

- 8 tortillas di mais o di grano (a scelta)
- 2 tazze di fagioli neri cotti (puoi utilizzare fagioli in scatola o cotti in casa)
- 1 avocado maturo, tagliato a fettine
- 1 lattuga iceberg, tagliata a strisce sottili
- 1/2 cipolla rossa, tritata finemente
- 1/4 di tazza di coriandolo fresco, spezzettato
- Succo di 1 lime
- Sale e pepe q.b.

Per la salsa al pomodoro:

- 2 pomodori maturi, tagliati a cubetti
- 1/2 cipolla rossa, tritata finemente
- 1/4 di tazza di coriandolo fresco, spezzettato
- Succo di 1 lime
- 1/2 peperoncino rosso, tritato finemente (opzionale, se si desidera un tocco piccante)
- Sale e pepe q.b.

Istruzioni:

1. Prepara la salsa al pomodoro mescolando i pomodori cubettati, la cipolla rossa tritata, il coriandolo fresco, il succo di lime, il peperoncino rosso (se desideri un tocco piccante), il sale e il pepe in una ciotola. Lascia riposare la salsa in frigorifero per almeno 30 minuti per far insaporire gli ingredienti.

2. In una ciotola, schiaccia leggermente i fagioli neri cotti con una forchetta e aggiungi il succo di lime, la cipolla rossa tritata e il coriandolo fresco. Mescola bene per amalgamare gli ingredienti e regola il sale e il pepe secondo le tue preferenze.

3. Scalda le tortillas in una padella antiaderente leggermente unta fino a quando diventano morbide e flessibili.

4. Distribuisci i fagioli neri conditi sulla metà inferiore di ogni tortilla.

5. Aggiungi le fettine di avocado, le strisce di lattuga e la salsa al pomodoro sulla parte superiore dei fagioli neri.

6. Richiudi i tacos piegando la metà superiore della tortilla sopra il ripieno.

7. Servi i tacos vegetariani con fagioli neri, avocado e salsa al pomodoro caldi, guarnendo con foglie di coriandolo fresco.

Questi tacos vegetariani con fagioli neri, avocado e salsa al pomodoro sono un'opzione deliziosa e colorata per una cena messicana senza carne.

Ricetta 57: Zuppa di Verdure con Porri e Zucchine

Introduzione agli alimenti:

La zuppa di verdure con porri e zucchine è una pietanza leggera e nutriente, perfetta per riscaldarsi durante le giornate più fresche. Il porro aggiunge un delicato sapore di cipolla, mentre le zucchine rendono la zuppa cremosa e saporita. Servita con crostini di pane integrale, questa zuppa è un comfort food salutare.

Ingredienti per 4 persone:

- 2 porri, solo la parte bianca, affettati sottilmente
- 2 zucchine medie, tagliate a cubetti
- 2 carote, tagliate a rondelle sottili
- 2 patate medie, tagliate a cubetti
- 1 litro di brodo vegetale
- 2 cucchiai di olio d'oliva extravergine
- 2 foglie di alloro
- Sale e pepe q.b.
- Prezzemolo fresco per guarnire (opzionale)

Istruzioni:

1. In una pentola grande, scalda l'olio d'oliva extravergine a fuoco medio.

2. Aggiungi i porri affettati nella pentola e cuoci fino a quando diventano traslucidi e morbidi.

3. Aggiungi le zucchine, le carote e le patate nella pentola con i porri e cuoci per alcuni minuti, mescolando di tanto in tanto.

4. Versa il brodo vegetale nella pentola e aggiungi le foglie di alloro. Porta a ebollizione.

5. Riduci la fiamma e lascia sobbollire la zuppa di verdure con porri e zucchine finché le verdure sono tenere.

6. Regola il sale e il pepe secondo le tue preferenze.

7. Servi la zuppa di verdure calda, guarnendo con un po' di prezzemolo fresco, se desideri.

Questa zuppa di verdure con porri e zucchine è un comfort food leggero e nutriente, perfetto per riscaldarsi durante le giornate più fresche.

58. Insalata di Grano Saraceno con Pomodori Secchi e Olive

Introduzione agli alimenti:

L'insalata di grano saraceno con pomodori secchi e olive è una gustosa e nutriente pietanza a base di grano saraceno, un cereale senza glutine ricco di sostanze nutritive. I pomodori secchi e le olive aggiungono sapore e texture, mentre la vinaigrette leggera rende questa insalata fresca e gustosa. Perfetta come pranzo leggero o contorno salutare.

Ingredienti per 4 persone:

- 1 tazza di grano saraceno
- 1/4 di tazza di pomodori secchi, tagliati a pezzetti
- 1/4 di tazza di olive nere, snocciolate e tagliate a rondelle
- 1/4 di tazza di prezzemolo fresco, spezzettato
- 2 cucchiai di olio d'oliva extravergine
- 1 cucchiaio di aceto di vino rosso
- 1/2 cucchiaino di senape di Digione
- Sale e pepe q.b.

Istruzioni:

1. In una pentola, porta a ebollizione 2 tazze di acqua leggermente salata.

2. Aggiungi il grano saraceno nella pentola con l'acqua bollente e cuoci per circa 10-12 minuti o finché il grano è al dente. Scolalo e lascialo raffreddare.

3. In una ciotola, mescola il grano saraceno cotto con i pomodori secchi tagliati a pezzetti, le olive nere a rondelle e il prezzemolo fresco spezzettato.

4. Prepara la vinaigrette mescolando l'olio d'oliva extravergine, l'aceto di vino rosso, la senape di Digione, il sale e il pepe in una ciotola separata.

5. Versa la vinaigrette sull'insalata di grano saraceno e mescola bene per far insaporire tutti gli ingredienti.

6. Lascia riposare l'insalata di grano saraceno con pomodori secchi e olive in frigorifero per almeno 30 minuti prima di servire, in modo che i sapori si amalgamino.

7. Servi l'insalata di grano saraceno calda o fredda, secondo le tue preferenze.

Questa insalata di grano saraceno con pomodori secchi e olive è un'opzione gustosa e nutriente per un pranzo leggero o come contorno in un pasto principale.

Ricetta 59: Salmone al Forno con Patate Dolci e Spinaci

Introduzione agli alimenti:

Il salmone al forno con patate dolci e spinaci è un piatto completo e nutriente, ricco di proteine e sostanze nutritive. Il salmone offre acidi grassi omega-3 benefici per la salute, mentre le patate dolci e gli spinaci aggiungono sapore e sostanze nutritive. Servito con un contorno di verdure fresche, questo piatto è perfetto per un pasto principale sano e delizioso.

Ingredienti per 4 persone:

- 4 filetti di salmone
- 2 patate dolci, tagliate a cubetti
- 2 manciate di spinaci freschi
- 2 cucchiai di olio d'oliva extravergine
- Succo di 1 limone
- 2 spicchi d'aglio, tritati finemente
- Sale e pepe q.b.
- Prezzemolo fresco per guarnire (opzionale)

Istruzioni:

1. Preriscalda il forno a 200°C.

2. In una ciotola, mescola i cubetti di patate dolci con 1 cucchiaio di olio d'oliva extravergine, metà del succo di limone, gli spicchi d'aglio tritati, il sale e il pepe.

3. Disponi i cubetti di patate dolci su una teglia da forno leggermente unta.

4. Cuoci le patate dolci nel forno preriscaldato per circa 15-20 minuti, o finché sono tenere e leggermente dorati.

5. Nel frattempo, in una ciotola separata, mescola gli spinaci freschi con 1 cucchiaio di olio d'oliva extravergine, l'altra metà del succo di limone, il sale e il pepe.

6. Disponi i filetti di salmone sulla teglia con le patate dolci e disponi gli spinaci freschi sopra il salmone.

7. Cuoci il salmone e gli spinaci nel forno preriscaldato per circa 10-15 minuti, o finché il

salmone è cotto e si sfalda facilmente con una forchetta.

8. Servi il salmone al forno con patate dolci e spinaci caldo, guarnendo con un po' di prezzemolo fresco, se desideri.

Questo salmone al forno con patate dolci e spinaci è un pasto completo e nutriente, perfetto per un pranzo o una cena sana e deliziosa.

Ricetta 60: Pollo Arrosto con Broccoli e Peperoni

Introduzione agli alimenti:

Il pollo arrosto con broccoli e peperoni è un pasto completo e gustoso, perfetto per tutta la famiglia. Il pollo arrosto è una fonte eccellente di proteine magre, mentre i broccoli e i peperoni aggiungono sapore e colori vivaci. Un'opzione sana e deliziosa per un pranzo o una cena equilibrata.

Ingredienti per 4 persone:

- 4 petti di pollo senza pelle e senza ossa
- 2 broccoli, separati in cimette
- 2 peperoni (uno rosso e uno giallo), tagliati a strisce
- 2 cucchiai di olio d'oliva extravergine
- 2 spicchi d'aglio, tritati finemente
- 1 cucchiaino di rosmarino secco
- Sale e pepe q.b.

Istruzioni:

1. Preriscalda il forno a 200°C.

2. Disponi i petti di pollo su una teglia da forno leggermente unta.

3. In una ciotola, mescola le cimette di broccoli e le strisce di peperoni con 1 cucchiaio di olio d'oliva extravergine, gli spicchi d'aglio tritati, il rosmarino secco, il sale e il pepe.

4. Disponi le verdure intorno ai petti di pollo nella teglia.

5. Cuoci il pollo e le verdure nel forno preriscaldato per circa 20-25 minuti, o finché il pollo è cotto e le verdure sono tenere.

6. Servi il pollo arrosto con broccoli e peperoni caldo, guarnendo con un filo di olio d'oliva extravergine, se desideri.

Questo pollo arrosto con broccoli e peperoni è un pasto equilibrato e gustoso, perfetto per una cena in famiglia.

Ricetta 61: Salsa di Pomodoro Fatta in Casa con Aglio, Cipolla e Basilico

Introduzione agli alimenti:

La salsa di pomodoro fatta in casa con aglio, cipolla e basilico è una deliziosa e versatile base per molti piatti. I pomodori freschi si combinano con l'aroma dell'aglio e della cipolla per creare una salsa saporita, mentre il basilico fresco aggiunge una nota erbacea e profumata. Questa salsa è perfetta per condire la pasta, arricchire la pizza o arricchire altri piatti.

Ingredienti per 4 persone:

- 800g di pomodori maturi, pelati e tagliati a cubetti
- 2 spicchi d'aglio, tritati finemente
- 1 cipolla media, tritata finemente
- 1 mazzetto di basilico fresco, spezzettato
- 2 cucchiai di olio d'oliva extravergine
- 1/2 cucchiaino di zucchero (opzionale, per ridurre l'acidità dei pomodori)
- Sale e pepe q.b.

Istruzioni:

1. In una padella grande, scalda l'olio d'oliva extravergine a fuoco medio.

2. Aggiungi la cipolla tritata nella padella e cuoci fino a quando diventa traslucida.

3. Aggiungi gli spicchi d'aglio tritati nella padella con la cipolla e cuoci fino a quando diventano dorati e aromatizzano l'olio.

4. Aggiungi i pomodori tagliati a cubetti nella padella con l'aglio e la cipolla. Se i pomodori non sono molto dolci, puoi aggiungere anche mezzo cucchiaino di zucchero per ridurre l'acidità.

5. Lascia cuocere i pomodori a fuoco medio-basso, schiacciandoli leggermente con un cucchiaio di legno per far rilasciare il succo.

6. Aggiungi metà del basilico fresco spezzettato nella salsa di pomodoro e mescola bene. Conserva l'altra metà per guarnire.

7. Lascia cuocere la salsa di pomodoro fino a quando raggiunge la consistenza desiderata, di

solito circa 15-20 minuti. Regola il sale e il pepe secondo le tue preferenze.

8. Servi la salsa di pomodoro fatta in casa con aglio, cipolla e basilico calda, guarnendo con il basilico fresco rimasto.

Questa salsa di pomodoro fatta in casa con aglio, cipolla e basilico è un condimento delizioso e versatile che aggiunge sapore a molti piatti.

Ricetta 62: Tacos di Tofu con Avocado e Pico de Gallo

Introduzione agli alimenti:

I tacos di tofu con avocado e pico de gallo sono un'opzione deliziosa e proteica per un pasto senza carne. Il tofu, una fonte eccellente di proteine vegetali, si combina con il cremoso avocado e la freschezza del pico de gallo per creare un piatto gustoso e colorato. Serviti in tortillas di mais o grano, questi tacos sono perfetti per una cena informale e saporita.

Ingredienti per 4 persone:

Per i tacos di tofu:

- 400g di tofu fermo, tagliato a cubetti
- 2 cucchiai di olio d'oliva extravergine
- 1 cucchiaino di paprika dolce
- 1/2 cucchiaino di cumino in polvere
- 1/2 cucchiaino di aglio in polvere
- Sale e pepe q.b.
- 8 tortillas di mais o di grano (a scelta)

Per il pico de gallo:

- 2 pomodori maturi, tagliati a cubetti
- 1/2 cipolla rossa, tritata finemente
- 1 peperoncino verde, tritato finemente
- 1/4 di tazza di coriandolo fresco, spezzettato
- Succo di 1 lime
- Sale e pepe q.b.

Per guarnire:

- 1 avocado maturo, tagliato a fettine
- Foglie di lattuga o cavolo tritato (opzionale)

Istruzioni:

1. In una ciotola, mescola i cubetti di tofu con l'olio d'oliva extravergine, la paprika dolce, il cumino in polvere, l'aglio in polvere, il sale e il pepe.

2. Scalda una padella antiaderente e cuoci i cubetti di tofu marinati fino a quando sono dorati e croccanti.

3. Nel frattempo, prepara il pico de gallo mescolando i cubetti di pomodori, la cipolla rossa tritata, il peperoncino verde tritato, il

coriandolo fresco spezzettato, il succo di lime, il sale e il pepe in una ciotola.

4. Scalda le tortillas in un padella antiaderente fino a quando diventano morbide e flessibili.

5. Riempire ogni tortilla con i cubetti di tofu cotti, le fettine di avocado e una generosa quantità di pico de gallo.

6. Aggiungi delle foglie di lattuga o cavolo tritato per guarnire, se desideri.

7. Servi i tacos di tofu con avocado e pico de gallo caldi e gustali subito.

Questi tacos di tofu con avocado e pico de gallo sono un'opzione gustosa e sana per una cena informale e colorata.

Ricetta 63: Zuppa di Lenticchie con Carote, Sedano e Prezzemolo

Si senza sedano

Introduzione agli alimenti:

La zuppa di lenticchie con carote, sedano e prezzemolo è una pietanza nutriente e confortante. Le lenticchie sono una fonte eccellente di proteine e fibre, mentre le carote e il sedano aggiungono sapore e consistenza alla zuppa. Con l'aggiunta di prezzemolo fresco, questa zuppa diventa ancora più gustosa e colorata.

Ingredienti per 4 persone:

- 1 tazza di lenticchie secche (rosse o verdi), sciacquate e scolate
- 2 carote, tagliate a cubetti
- 2 gambi di sedano, tagliati a fettine
- 1 cipolla media, tritata finemente
- 2 spicchi d'aglio, tritati finemente
- 1 litro di brodo vegetale
- 2 cucchiai di olio d'oliva extravergine
- 1 mazzetto di prezzemolo fresco, spezzettato
- Sale e pepe q.b.

Istruzioni:

1. In una pentola grande, scalda l'olio d'oliva extravergine a fuoco medio.

2. Aggiungi la cipolla tritata nella pentola e cuoci fino a quando diventa traslucida.

3. Aggiungi gli spicchi d'aglio tritati nella pentola con la cipolla e cuoci fino a quando diventano dorati e aromatizzano l'olio.

4. Aggiungi le carote tagliate a cubetti e le fettine di sedano nella pentola con l'aglio e la cipolla. Cuoci per alcuni minuti fino a quando le verdure si ammorbidiscono leggermente.

5. Aggiungi le lenticchie sciacquate nella pentola con le verdure e mescola bene.

6. Versa il brodo vegetale nella pentola e porta a ebollizione.

7. Riduci la fiamma e lascia sobbollire la zuppa di lenticchie con carote, sedano e prezzemolo fino a quando le lenticchie e le verdure sono tenere.

8. Regola il sale e il pepe secondo le tue preferenze.

9. Servi la zuppa di lenticchie calda, guarnendo con il prezzemolo fresco spezzettato.

Questa zuppa di lenticchie con carote, sedano e prezzemolo è un'opzione nutriente e confortante per un pasto leggero e saporito.

Ricetta 64: Sushi Vegetariano con Avocado, Cetriolo e Carote

Introduzione agli alimenti:

Il sushi vegetariano con avocado, cetriolo e carote è una prelibatezza giapponese senza pesce, ma altrettanto deliziosa e saporita. L'avocado aggiunge cremosità, il cetriolo offre freschezza e le carote un tocco croccante. Avvolto in nori e riso condito, questo sushi è perfetto per una cena elegante o una cena a base di finger food.

Ingredienti per 4 persone:

- 4 fogli di alga nori
- 2 tazze di riso per sushi (tipo giapponese, preferibilmente)
- 4 cucchiai di aceto di riso
- 2 cucchiai di zucchero
- 1 cucchiaino di sale
- 1 avocado maturo, tagliato a fettine sottili
- 1 cetriolo, tagliato a strisce lunghe e sottili
- 2 carote, tagliate a strisce lunghe e sottili
- Wasabi e zenzero marinato per accompagnare (opzionale)
- Salsa di soia per accompagnare

Istruzioni:

1. Cuoci il riso per sushi seguendo le istruzioni sulla confezione. Una volta cotto, trasferiscilo in una ciotola e lascialo raffreddare leggermente.

2. In una piccola ciotola, mescola l'aceto di riso, lo zucchero e il sale fino a quando lo zucchero si dissolve completamente.

3. Versa il condimento di aceto di riso sul riso cotto e mescola delicatamente per distribuirlo uniformemente. Lascia raffreddare completamente il riso condito.

4. Posiziona un foglio di alga nori su una stuoia di bambù per sushi o su una superficie piana.

5. Con le mani umide, prendi una porzione di riso condito e spalmalo uniformemente sulla metà inferiore del foglio di nori, lasciando circa 1 cm di spazio libero lungo i bordi.

6. Disponi le fettine di avocado, le strisce di cetriolo e le strisce di carote sulla metà superiore del riso.

7. Con delicatezza, arrotola l'alga nori e il riso sopra il ripieno, utilizzando la stuoia di bambù per sushi per aiutarti a compattare il rotolo.

8. Ripeti il processo con gli altri fogli di alga nori e il riso condito.

9. Con un coltello affilato, taglia ogni rotolo in 6-8 pezzi, pulendo il coltello tra un taglio e l'altro per ottenere una presentazione pulita.

10. Servi il sushi vegetariano con avocado, cetriolo e carote con wasabi, zenzero marinato e salsa di soia per accompagnare, se desideri.

Questo sushi vegetariano con avocado, cetriolo e carote è un'alternativa deliziosa e colorata al sushi tradizionale con pesce.

Ricetta 65: Insalata di Ceci con Pomodori Secchi e Olive

Introduzione agli alimenti:

L'insalata di ceci con pomodori secchi e olive è una pietanza semplice e gustosa, perfetta come contorno o piatto unico. I ceci, ricchi di proteine e fibre, si combinano con il sapore intenso dei pomodori secchi e l'aroma delle olive per creare un'insalata saporita e nutriente. Condita con olio d'oliva e spezie, questa insalata è una festa di sapori.

Ingredienti per 4 persone:

- 2 tazze di ceci cotti (puoi utilizzare ceci in scatola o cotti in casa)
- 1/2 tazza di pomodori secchi, tagliati a pezzetti
- 1/4 di tazza di olive nere, snocciolate e tagliate a rondelle
- 1/4 di tazza di prezzemolo fresco, spezzettato
- 2 cucchiai di olio d'oliva extravergine
- Succo di 1/2 limone
- 1/2 cucchiaino di origano secco
- Sale e pepe q.b.

Istruzioni:

1. In una ciotola, mescola i ceci cotti con i pomodori secchi tagliati a pezzetti, le olive nere a rondelle e il prezzemolo fresco spezzettato.

2. Prepara la vinaigrette mescolando l'olio d'oliva extravergine, il succo di limone, l'origano secco, il sale e il pepe in una ciotola separata.

3. Versa la vinaigrette sull'insalata di ceci e mescola bene per far insaporire tutti gli ingredienti.

4. Lascia riposare l'insalata di ceci con pomodori secchi e olive in frigorifero per almeno 30 minuti prima di servire, in modo che i sapori si amalgamino.

5. Servi l'insalata di ceci con pomodori secchi e olive come contorno o come piatto unico leggero e gustoso.

Questa insalata di ceci con pomodori secchi e olive è un'opzione nutriente e deliziosa per un pasto equilibrato.

Ricetta 66: Bistecca di Soia Marinata con Broccoli e Peperoni

Introduzione agli alimenti:

La bistecca di soia marinata con broccoli e peperoni è una prelibatezza vegana che sazia l'appetito e offre una piacevole esperienza gustativa. La bistecca di soia marinata offre proteine vegetali, mentre i broccoli e i peperoni aggiungono sostanza e sapore. Marinata in una salsa gustosa, questa bistecca di soia è una sorprendente alternativa alle bistecche tradizionali.

Ingredienti per 4 persone:

Per la bistecca di soia marinata:

- 4 bistecche di soia (puoi utilizzare quelle preconfezionate o prepararle da zero)
- 4 cucchiai di salsa di soia
- 2 cucchiai di aceto di mele
- 2 cucchiai di succo di limone
- 1 cucchiaio di olio di sesamo
- 2 spicchi d'aglio, tritati finemente
- 1 cucchiaino di zenzero fresco, grattugiato

- 1 cucchiaio di sciroppo d'acero o miele (opzionale, per un tocco dolce)
- Pepe nero q.b.

Per le verdure saltate:

- 2 tazze di broccoli, separati in cimette
- 1 peperone rosso, tagliato a strisce
- 1 peperone giallo, tagliato a strisce
- 2 cucchiai di olio d'oliva extravergine
- Sale e pepe q.b.

Istruzioni:

1. In una ciotola, prepara la marinata per la bistecca di soia mescolando la salsa di soia, l'aceto di mele, il succo di limone, l'olio di sesamo, gli spicchi d'aglio tritati, il zenzero grattugiato, il pepe nero e, se desideri, lo sciroppo d'acero o il miele.

2. Disponi le bistecche di soia nella marinata e lasciale marinare in frigorifero per almeno 30 minuti, preferibilmente più a lungo per far assorbire i sapori.

3. Nel frattempo, prepara le verdure saltate riscaldando l'olio d'oliva extravergine in una padella grande a fuoco medio-alto.

4. Aggiungi le cimette di broccoli nella padella e cuoci per alcuni minuti finché sono tenere ma croccanti.

5. Aggiungi le strisce di peperone rosso e giallo nella padella con i broccoli e cuoci fino a quando le verdure sono tenere ma mantenendo la loro croccantezza.

6. Regola il sale e il pepe secondo le tue preferenze.

7. Mentre le verdure sono in cottura, riscalda una griglia o una padella antiaderente e cuoci le bistecche di soia marinata fino a quando sono dorati e calde.

8. Servi la bistecca di soia marinata con broccoli e peperoni calda, accompagnandola con le verdure saltate.

Questa bistecca di soia marinata con broccoli e peperoni è un'alternativa saporita e nutriente alle bistecche tradizionali, perfetta per una cena vegana e gustosa.

Ricetta 67: Hummus Fatto in Casa con Bastoncini di Sedano e Carote

Introduzione agli alimenti:

L'hummus fatto in casa con bastoncini di sedano e carote è un'opzione sana e gustosa per uno snack o un antipasto. L'hummus, una crema di ceci, offre proteine e fibre, mentre i bastoncini di sedano e carote sono croccanti e freschi. Condito con olio d'oliva e spezie, questo hummus è una delizia da spalmare su crostini o da gustare con verdure crude.

Ingredienti per 4 persone:

Per l'hummus fatto in casa:

- 1 lattina di ceci (circa 400g), sciacquati e scolati
- 3 cucchiai di tahini (crema di semi di sesamo)
- Succo di 1 limone
- 2 cucchiai di olio d'oliva extravergine
- 2 spicchi d'aglio
- 1/2 cucchiaino di cumino in polvere
- Sale e pepe q.b.
- Acqua q.b. (per regolare la consistenza)

Per i bastoncini di sedano e carote:

- 2-3 carote, tagliate a bastoncini
- 2-3 gambi di sedano, tagliati a bastoncini

Istruzioni:

1. In un frullatore o un robot da cucina, frulla i ceci sciacquati e scolati con il tahini, il succo di limone, l'olio d'oliva extravergine, gli spicchi d'aglio, il cumino in polvere, il sale e il pepe.

2. Frulla tutti gli ingredienti fino a ottenere una crema liscia e omogenea. Se l'hummus risulta troppo denso, puoi aggiungere un po' d'acqua per raggiungere la consistenza desiderata.

3. Trasferisci l'hummus fatto in casa in una ciotola e guarnisci con un filo di olio d'oliva extravergine e una spolverata di cumino.

4. Accompagna l'hummus con i bastoncini di sedano e carote, pronti da intingere nella crema di ceci.

5. Servi l'hummus fatto in casa con bastoncini di sedano e carote come uno snack salutare e gustoso, perfetto da condividere con gli amici.

Questo hummus fatto in casa con bastoncini di sedano e carote è una scelta sana e deliziosa per uno spuntino o un antipasto leggero.

Ricetta 68: Frittata di Uova Bianche con Spinaci e Pomodori

Introduzione agli alimenti:

La frittata di uova bianche con spinaci e pomodori è un piatto sano e nutriente, perfetto per una colazione o un pranzo leggero. Utilizzando solo le chiare d'uovo, questa frittata è ridotta di colesterolo e grassi. Gli spinaci freschi e i pomodori aggiungono sapore e colore alla frittata, rendendola un pasto equilibrato e gustoso.

Ingredienti per 4 persone:

- 8 uova bianche
- 1 tazza di spinaci freschi, lavati e tagliati a strisce
- 1 pomodoro maturo, tagliato a cubetti
- 1/2 cipolla, tritata finemente
- 1 spicchio d'aglio, tritato finemente
- 1 cucchiaio di olio d'oliva extravergine
- Sale e pepe q.b.

Istruzioni:

1. In una ciotola, sbatti le uova bianche con un pizzico di sale e pepe fino a ottenere un composto omogeneo.

2. In una padella antiaderente, scalda l'olio d'oliva extravergine a fuoco medio.

3. Aggiungi la cipolla tritata e lo spicchio d'aglio nella padella e cuoci fino a quando diventano traslucidi e aromatici.

4. Aggiungi gli spinaci tagliati a strisce nella padella con la cipolla e l'aglio e cuoci fino a quando si appassiscono leggermente.

5. Versa le uova sbattute nella padella con gli spinaci e la cipolla. Disponi i cubetti di pomodoro sulla superficie delle uova.

6. Cuoci la frittata a fuoco medio-basso fino a quando le uova sono completamente cotte e il bordo è dorato.

7. Con l'aiuto di un coperchio o un piatto grande, rovescia la frittata per cuocere l'altro lato per qualche minuto, fino a quando diventa dorata.

8. Servi la frittata di uova bianche con spinaci e pomodori calda, tagliata a spicchi come una torta.

Questa frittata di uova bianche con spinaci e pomodori è un'opzione leggera e gustosa per una colazione o un pranzo equilibrato.

Ricetta 69: Torta di Grano Saraceno con Frutta Fresca

Introduzione agli alimenti:

La torta di grano saraceno con frutta fresca è un dolce sano e senza glutine, perfetto per chi ha intolleranze alimentari o segue una dieta speciale. Il grano saraceno è una buona fonte di proteine e fibre, mentre la frutta fresca aggiunge dolcezza naturale e vitamine. Questa torta è semplice da preparare e ideale per una merenda o un dessert leggero.

Ingredienti per 4 persone:

- 1 tazza di farina di grano saraceno
- 1/2 tazza di farina di mandorle (o altre farine senza glutine)
- 1/2 tazza di zucchero di cocco (o altro dolcificante a scelta)
- 1 cucchiaino di lievito in polvere
- 1/2 cucchiaino di bicarbonato di sodio
- 1/4 di cucchiaino di sale
- 2 uova
- 1/2 tazza di latte di mandorle (o altro latte vegetale)
- 1/4 di tazza di olio di cocco fuso (o olio di oliva)

- 1 cucchiaino di estratto di vaniglia
- Frutta fresca a scelta per guarnire (fragole, mirtilli, lamponi, ecc.)

Istruzioni:

1. Preriscalda il forno a 180°C e prepara una tortiera rotonda foderandola con carta da forno o ungendola con olio e spolverandola con farina.

2. In una ciotola grande, mescola insieme la farina di grano saraceno, la farina di mandorle, lo zucchero di cocco, il lievito in polvere, il bicarbonato di sodio e il sale.

3. In un'altra ciotola, sbatti le uova con il latte di mandorle, l'olio di cocco fuso e l'estratto di vaniglia.

4. Unisci gli ingredienti liquidi agli ingredienti secchi e mescola bene fino a ottenere un composto omogeneo.

5. Versa l'impasto nella tortiera preparata e livellalo con una spatola.

6. Disponi la frutta fresca scelta sulla superficie dell'impasto.

7. Inforna la torta di grano saraceno con frutta fresca per circa 25-30 minuti o finché risulta dorata e cotta al centro (puoi fare la prova dello stecchino).

8. Lascia raffreddare la torta prima di tagliarla a fette e servirla.

Questa torta di grano saraceno con frutta fresca è un dolce sano e goloso, perfetto per una merenda o un dessert leggero.

Ricetta 70: Zuppa di Verdure con Porri e Zucchine

Introduzione agli alimenti:

La zuppa di verdure con porri e zucchine è un comfort food nutriente e delizioso. I porri, le zucchine e le altre verdure si combinano per creare una zuppa gustosa e saporita. Con il brodo vegetale come base, questa zuppa è leggera ma soddisfacente, perfetta per scaldarsi nelle giornate fredde o come piatto principale leggero.

Ingredienti per 4 persone:

- 2 porri, tagliati a fettine sottili (utilizza sia la parte bianca che quella verde)
- 2 zucchine medie, tagliate a cubetti
- 2 carote, tagliate a cubetti
- 2 patate, tagliate a cubetti
- 1 cipolla media, tritata finemente
- 2 spicchi d'aglio, tritati finemente
- 1 litro di brodo vegetale
- 2 cucchiai di olio d'oliva extravergine
- 1 rametto di timo fresco (o 1 cucchiaino di timo secco)
- Sale e pepe q.b.

1. In una pentola grande, scalda l'olio d'oliva extravergine a fuoco medio.

2. Aggiungi la cipolla tritata nella pentola e cuoci fino a quando diventa traslucida.

3. Aggiungi gli spicchi d'aglio tritati nella pentola con la cipolla e cuoci fino a quando diventano dorati e aromatici.

4. Aggiungi i porri tagliati a fettine nella pentola con la cipolla e l'aglio. Cuoci fino a quando i porri diventano teneri e rilasciano il loro sapore.

5. Aggiungi le carote, le zucchine e le patate tagliate a cubetti nella pentola con i porri. Mescola bene per far insaporire le verdure.

6. Versa il brodo vegetale nella pentola e porta a ebollizione.

7. Riduci la fiamma e lascia sobbollire la zuppa di verdure con porri e zucchine fino a quando tutte le verdure sono tenere.

8. Aggiungi il timo fresco nella pentola e mescola bene. Se utilizzi il timo secco, aggiungilo insieme al brodo vegetale.

9. Regola il sale e il pepe secondo le tue preferenze.

10. Servi la zuppa di verdure con porri e zucchine calda, guarnendo con qualche fogliolina di timo fresco.

Questa zuppa di verdure con porri e zucchine è un'opzione nutriente e confortante per scaldarsi nelle giornate fredde o come piatto principale leggero.

Ricetta 71: Spaghetti di Zucca con Salsa al Pomodoro e Basilico

Introduzione agli alimenti:

Gli spaghetti di zucca con salsa al pomodoro e basilico sono un'alternativa leggera e senza glutine ai classici spaghetti di pasta. La zucca, tagliata a filamenti simili a spaghetti, offre una texture delicata e sapore dolce. La salsa al pomodoro con basilico fresco completa questo piatto colorato e gustoso.

Ingredienti per 4 persone:

- 1 zucca media
- 2 cucchiai di olio d'oliva extravergine
- 2 spicchi d'aglio, tritati finemente
- 1 lattina di pomodori pelati
- 1 cucchiaino di zucchero di cocco (o altro dolcificante a scelta)
- Sale e pepe q.b.
- Basilico fresco per guarnire

Istruzioni:

1. Taglia la zucca a metà nel senso della lunghezza e rimuovi i semi con un cucchiaio.

2. Con l'aiuto di un pelapatate o un coltello, crea spaghetti di zucca tagliando la polpa a striscioline sottili.

3. In una grande padella, scalda l'olio d'oliva extravergine a fuoco medio.

4. Aggiungi gli spicchi d'aglio tritati nella padella e cuoci fino a quando diventano dorati e aromatici.

5. Aggiungi i filamenti di zucca nella padella con l'aglio e cuoci per circa 3-4 minuti, finché diventano teneri ma non troppo molli.

6. Mentre la zucca cuoce, prepara la salsa al pomodoro. In una piccola pentola, versa i pomodori pelati, lo zucchero di cocco, il sale e il pepe. Riscalda la salsa a fuoco medio-basso fino a quando è ben calda.

7. Versa la salsa al pomodoro sui filamenti di zucca nella padella e mescola bene per far amalgamare i sapori.

8. Servi gli spaghetti di zucca con salsa al pomodoro e basilico, guarnendo con alcune foglie di basilico fresco.

Questi spaghetti di zucca con salsa al pomodoro e basilico sono un piatto leggero e saporito, perfetto per una cena salutare e colorata.

Ricetta 72: Polpette di Lenticchie con Salsa al Pomodoro

Introduzione agli alimenti:

Le polpette di lenticchie con salsa al pomodoro sono una prelibatezza vegetaria che sazia l'appetito e offre una piacevole esperienza gustativa. Le lenticchie, ricche di proteine e fibre, formano la base di queste polpette. La salsa al pomodoro dona sapore e un tocco di comfort a questo piatto saporito e nutriente.

Ingredienti per 4 persone:

Per le polpette di lenticchie:

- 1 tazza di lenticchie rosse, ammollate e scolate
- 1 cipolla media, tritata finemente
- 2 spicchi d'aglio, tritati finemente
- 1 cucchiaino di cumino in polvere
- 1 cucchiaino di paprika dolce
- 1/2 cucchiaino di pepe di cayenna (facoltativo, se preferisci un tocco piccante)
- 1/2 tazza di pangrattato (o farina di ceci per una versione senza glutine)
- Sale e pepe q.b.

- Olio d'oliva extravergine per cuocere le polpette

Per la salsa al pomodoro:

- 1 lattina di pomodori pelati
- 2 cucchiai di olio d'oliva extravergine
- 2 spicchi d'aglio, tritati finemente
- 1 cucchiaino di origano secco
- Sale e pepe q.b.

Istruzioni:

1. In una pentola, cuoci le lenticchie ammollate in acqua bollente fino a quando diventano tenere. Scolale e lasciale raffreddare.

2. In una padella, scalda 1 cucchiaio di olio d'oliva extravergine a fuoco medio. Aggiungi la cipolla tritata e cuoci fino a quando diventa traslucida.

3. Aggiungi gli spicchi d'aglio tritati nella padella con la cipolla e cuoci fino a quando diventano dorati e aromatici.

4. Aggiungi le lenticchie cotte, il cumino in polvere, la paprika dolce e il pepe di cayenna (se

usato) nella padella con la cipolla e l'aglio. Mescola bene per far insaporire le lenticchie.

5. Trasferisci le lenticchie cotte in una ciotola e schiacciale con una forchetta o un frullatore a immersione per formare una massa uniforme.

6. Aggiungi il pangrattato (o farina di ceci) nella ciotola con le lenticchie e mescola bene fino a ottenere un impasto modellabile. Se l'impasto è troppo umido, aggiungi un po' di pangrattato (o farina di ceci) in più.

7. Forma delle polpette con le mani, dando la forma desiderata.

8. In una padella, scalda un po' di olio d'oliva extravergine a fuoco medio. Cuoci le polpette di lenticchie fino a quando sono dorate su entrambi i lati.

9. Mentre le polpette cuociono, prepara la salsa al pomodoro. In una piccola pentola, scalda 1 cucchiaio di olio d'oliva extravergine a fuoco medio. Aggiungi gli spicchi d'aglio tritati e cuoci fino a quando diventano dorati e aromatici.

10. Versa i pomodori pelati nella pentola con l'aglio e schiacciali leggermente con una forchetta. Aggiungi l'origano secco, il sale e il pepe. Cuoci la salsa al pomodoro a fuoco medio-basso fino a quando è ben calda.

11. Servi le polpette di lenticchie con la salsa al pomodoro, accompagnando con un contorno di verdure fresche.

Queste polpette di lenticchie con salsa al pomodoro sono un'opzione gustosa e salutare per un pasto principale vegetariano.

Ricetta 73: Insalata di Ceci con Cetrioli, Pomodori e Cipolle Rosse

Introduzione agli alimenti:

L'insalata di ceci con cetrioli, pomodori e cipolle rosse è un'esplosione di sapori e colori. I ceci, ricchi di proteine e fibre, rendono questa insalata nutriente e saziante. I cetrioli freschi, i pomodori succosi e le cipolle rosse aggiungono una nota di freschezza e croccantezza a questo piatto versatile.

Ingredienti per 4 persone:

- 2 tazze di ceci cotti (puoi utilizzare ceci in scatola scolati e sciacquati)
- 1 cetriolo, tagliato a cubetti
- 1 pomodoro maturo, tagliato a cubetti
- 1/2 cipolla rossa, tagliata a fettine sottili
- Prezzemolo fresco tritato per guarnire

Per la salsa:

- 3 cucchiai di olio d'oliva extravergine
- 2 cucchiai di succo di limone
- 1 spicchio d'aglio, tritato finemente
- 1 cucchiaino di origano secco

- Sale e pepe q.b.

Istruzioni:

1. In una ciotola grande, combina i ceci cotti, i cetrioli tagliati a cubetti, i pomodori tagliati a cubetti e la cipolla rossa a fettine sottili.

2. In una piccola ciotola, prepara la salsa unendo l'olio d'oliva extravergine, il succo di limone, lo spicchio d'aglio tritato, l'origano secco, il sale e il pepe. Mescola bene per emulsionare la salsa.

3. Versa la salsa sopra gli ingredienti dell'insalata e mescola delicatamente per condire tutti gli ingredienti.

4. Lascia riposare l'insalata di ceci con cetrioli, pomodori e cipolle rosse in frigorifero per almeno 30 minuti per far insaporire tutti gli ingredienti.

5. Prima di servire, guarnisci l'insalata con prezzemolo fresco tritato.

Questa insalata di ceci con cetrioli, pomodori e cipolle rosse è un'opzione sana e deliziosa per un pranzo leggero o un contorno colorato.

Ricetta 74: Melanzane alla Griglia con Salsa di Tahini e Limone

Introduzione agli alimenti:

Le melanzane alla griglia con salsa di tahini e limone sono un antipasto o un contorno semplice ma ricco di gusto. Le melanzane, grigliate fino a renderle tenere e affumicate, si sposano perfettamente con la salsa di tahini cremosa e il tocco fresco del limone. Questo piatto è un'ottima aggiunta a un menu mediterraneo.

Ingredienti per 4 persone:

- 2 melanzane medie, tagliate a fette lunghe di circa 1 cm
- Olio d'oliva extravergine per spennellare le fette di melanzane
- Sale e pepe q.b.
- 2 cucchiai di tahini
- Succo di 1 limone
- 2 cucchiai di acqua
- 1 spicchio d'aglio, tritato finemente
- Prezzemolo fresco tritato per guarnire

Istruzioni:

1. Preriscalda una griglia o una piastra antiaderente a fuoco medio-alto.

2. Spennella entrambi i lati delle fette di melanzane con olio d'oliva extravergine e condiscile con sale e pepe.

3. Griglia le fette di melanzane fino a quando sono tenere e hanno delle belle striature affumicate su entrambi i lati.

4. Mentre le melanzane grigliano, prepara la salsa di tahini. In una piccola ciotola, mescola il tahini, il succo di limone, l'acqua e lo spicchio d'aglio tritato fino a ottenere una salsa cremosa e omogenea.

5. Disponi le melanzane grigliate su un piatto da portata e versa la salsa di tahini e limone sopra di esse.

6. Guarnisci con prezzemolo fresco tritato prima di servire.

Queste melanzane alla griglia con salsa di tahini e limone sono un'opzione gustosa e ricca di sapore per un antipasto o un contorno mediterraneo.

Ricetta 75: Broccoli al Vapore con Olio d'Oliva e Aglio

Introduzione agli alimenti:

I broccoli al vapore con olio d'oliva e aglio sono un contorno semplice ma nutriente, perfetto per accompagnare molti piatti principali. I broccoli, ricchi di vitamine e minerali, vengono cotti al vapore per mantenere intatte tutte le loro proprietà nutritive. L'olio d'oliva extravergine e l'aglio conferiscono un tocco di sapore e rendono i broccoli irresistibili.

Ingredienti per 4 persone:

- 1 mazzo di broccoli, lavato e tagliato a cimette
- 2 cucchiai di olio d'oliva extravergine
- 2 spicchi d'aglio, tritati finemente
- Sale e pepe q.b.

Istruzioni:

1. Prepara una pentola con un cestello per il vapore e riempila con circa 2,5 cm di acqua. Porta l'acqua a ebollizione.

2. Posiziona le cimette di broccoli nel cestello per il vapore e copri la pentola con un coperchio.

3. Cuoci i broccoli al vapore per circa 5-7 minuti o finché sono teneri ma non troppo molli.

4. Mentre i broccoli cuociono, prepara la salsa. In una piccola padella, scalda l'olio d'oliva extravergine a fuoco medio-basso. Aggiungi lo spicchio d'aglio tritato nella padella e cuoci fino a quando diventa dorato e aromatico.

5. Scola i broccoli cotti dal cestello per il vapore e disponili in una ciotola.

6. Versa l'olio d'oliva con

 l'aglio sopra i broccoli e mescola delicatamente per distribuire il sapore.

7. Aggiusta di sale e pepe secondo le tue preferenze.

I broccoli al vapore con olio d'oliva e aglio sono un contorno semplice ma gustoso, ideale per arricchire il tuo pasto con una nota di colore e salute.

Ricetta 76: Cuscus Integrale con Verdure Saltate in Padella

Introduzione agli alimenti:

Il cuscus integrale con verdure saltate è un piatto semplice e veloce da preparare, ma pieno di sapore e nutrienti. Il cuscus integrale, ricco di fibre e proteine, è la base perfetta per accogliere una varietà di verdure fresche saltate in padella. Questa ricetta è ideale per un pasto leggero e bilanciato.

Ingredienti per 4 persone:

- 1 tazza di cuscus integrale
- 1 e 1/2 tazze di acqua o brodo vegetale
- 2 cucchiai di olio d'oliva extravergine
- 1 zucchina, tagliata a cubetti
- 1 peperone rosso, tagliato a strisce sottili
- 1 carota, tagliata a rondelle sottili
- 1 spicchio d'aglio, tritato finemente
- 1/2 cucchiaino di cumino in polvere
- Sale e pepe q.b.
- Prezzemolo fresco tritato per guarnire

Istruzioni:

1. In una pentola media, porta a ebollizione l'acqua o il brodo vegetale.

2. Versa il cuscus integrale nella pentola con l'acqua bollente, copri con un coperchio e togli dal fuoco. Lascia riposare il cuscus per circa 5 minuti o finché assorbe tutto il liquido. Sgranalo con una forchetta per renderlo leggero e arioso.

3. In una padella grande, scalda l'olio d'oliva extravergine a fuoco medio.

4. Aggiungi lo spicchio d'aglio tritato nella padella con l'olio e cuoci fino a quando diventa dorato e aromatico.

5. Aggiungi le zucchine, i peperoni e le carote nella padella con l'aglio. Aggiungi anche il cumino in polvere, il sale e il pepe. Saltate le verdure per circa 5-7 minuti o finché diventano tenere ma croccanti.

6. Aggiungi il cuscus integrale cotto nella padella con le verdure saltate e mescola bene per far amalgamare i sapori.

7. Servi il cuscus integrale con verdure saltate in padella, guarnendo con prezzemolo fresco tritato.

Questo cuscus integrale con verdure saltate è un'opzione versatile e gustosa, perfetta come piatto unico o come contorno per carne o pesce.

Ricetta 77: Tofu Saltato in Padella con Peperoni e Cipolle

Introduzione agli alimenti:

Il tofu saltato in padella con peperoni e cipolle è un piatto vegano e proteico che sazia l'appetito e delizia il palato. Il tofu, tagliato a cubetti e saltato con peperoni colorati e cipolle, offre una consistenza morbida e cremosa. Questo piatto è ricco di sapori e nutrienti ed è facile da preparare.

Ingredienti per 4 persone:

- 400g di tofu fermo, tagliato a cubetti
- 2 cucchiai di olio d'oliva extravergine
- 1 peperone rosso, tagliato a strisce sottili
- 1 peperone giallo, tagliato a strisce sottili
- 1 cipolla rossa, tagliata a fettine sottili
- 2 cucchiai di salsa di soia
- 1 cucchiaino di sciroppo d'acero o altro dolcificante a scelta
- 1 cucchiaio di aceto di mele
- 1 spicchio d'aglio, tritato finemente
- 1 cucchiaino di zenzero fresco grattugiato
- Pepe nero q.b.
- Prezzemolo fresco tritato per guarnire

Istruzioni:

1. In una grande padella, scalda 1 cucchiaio di olio d'oliva extravergine a fuoco medio-alto.

2. Aggiungi i cubetti di tofu nella padella e cuocili fino a quando diventano dorati e croccanti su tutti i lati. Trasferisci il tofu dorato in una ciotola e mettilo da parte.

3. Nella stessa padella, aggiungi 1 cucchiaio di olio d'oliva extravergine e aggiungi i peperoni e le cipolle tagliati a strisce. Cuoci le verdure finché diventano tenere ma croccanti.

4. In una piccola ciotola, prepara la salsa unendo la salsa di soia, lo sciroppo d'acero, l'aceto di mele, lo spicchio d'aglio tritato, il zenzero grattugiato e un po' di pepe nero.

5. Versa la salsa nella padella con le verdure saltate e mescola bene per condire tutto.

6. Aggiungi i cubetti di tofu nella padella con le verdure e mescola delicatamente per far amalgamare i sapori.

7. Servi il tofu saltato in padella con peperoni e cipolle, guarnendo con prezzemolo fresco tritato.

Questo tofu saltato in padella con peperoni e cipolle è un'opzione sana e gustosa per un pasto a base di proteine vegetali.

Ricetta 78: Zuppa di Fagioli Neri con Peperoncino e Aglio

Introduzione agli alimenti:

La zuppa di fagioli neri con peperoncino e aglio è un piatto comfort ricco di sapori e proteine vegetali. I fagioli neri, cotti in una base di brodo vegetale con peperoncino e aglio, rendono questa zuppa deliziosa e nutrienti. La zuppa è arricchita con spezie e può essere personalizzata secondo i tuoi gusti.

Ingredienti per 4 persone:

- 1 tazza di fagioli neri secchi, ammollati durante la notte e scolati
- 1 cipolla, tritata finemente
- 3 spicchi d'aglio, tritati finemente
- 1 peperoncino rosso, tagliato a rondelle sottili (puoi regolare la quantità secondo il tuo livello di piccantezza preferito)
- 1 litro di brodo vegetale
- 1 foglia di alloro
- 1 cucchiaino di cumino in polvere
- 1 cucchiaino di paprika affumicata
- Sale e pepe q.b.
- Olio d'oliva extravergine per cuocere

- Prezzemolo fresco tritato per guarnire

Istruzioni:

1. In una pentola grande, scalda un po' di olio d'oliva extravergine a fuoco medio.

2. Aggiungi la cipolla tritata e cuocila finché diventa traslucida e morbida.

3. Aggiungi lo spicchio d'aglio tritato e il peperoncino rosso nella pentola. Continua a cuocere per qualche minuto finché l'aglio rilascia il suo aroma.

4. Aggiungi i fagioli neri ammollati nella pentola e mescola per farli insaporire con gli altri ingredienti.

5. Versa il brodo vegetale nella pentola con i fagioli e aggiungi la foglia di alloro.

6. Porta la zuppa a ebollizione e poi abbassa la fiamma. Lascia cuocere a fuoco basso per circa 1 ora o finché i fagioli sono teneri.

7. Aggiungi il cumino in polvere, la paprika affumicata, il sale e il pepe secondo i tuoi gusti.

8. Continua a cuocere la zuppa per altri 15-20 minuti per far amalgamare i sapori.

9. Prima di servire, guarnisci la zuppa di fagioli neri con peperoncino e aglio con prezzemolo fresco tritato.

Questa zuppa di fagioli neri con peperoncino e aglio è un piatto confortante e saporito, perfetto per riscaldarsi durante le giornate più fredde.

Ricetta 79: Avocado Ripieno con Quinoa e Verdure

Introduzione agli alimenti:

L'avocado ripieno con quinoa e verdure è un piatto salutare e bilanciato che unisce la cremosità dell'avocado con la consistenza della quinoa e la freschezza delle verdure. Questo piatto è ricco di proteine, fibre e grassi sani, rendendolo un'ottima opzione per un pasto completo.

Ingredienti per 4 persone:

- 2 avocado maturi
- 1 tazza di quinoa cotta
- 1 zucchina, tagliata a cubetti
- 1 peperone rosso, tagliato a cubetti
- 1 cipolla rossa, tagliata a cubetti
- 1 spicchio d'aglio, tritato finemente
- 2 cucchiai di olio d'oliva extravergine
- Succo di 1 limone
- Prezzemolo fresco tritato per guarnire
- Sale e pepe q.b.

Istruzioni:

1. Taglia gli avocado a metà, rimuovi il nocciolo e svuota delicatamente la polpa con un cucchiaio, cercando di mantenere intatta la buccia dell'avocado. Metti la polpa in una ciotola e metti da parte le bucce dell'avocado.

2. In una padella, scalda 1 cucchiaio di olio d'oliva extravergine a fuoco medio.

3. Aggiungi la cipolla tritata e cuocila finché diventa traslucida e morbida.

4. Aggiungi lo spicchio d'aglio tritato e cuoci per un altro minuto fino a quando l'aglio rilascia il suo aroma.

5. Aggiungi la zucchina e il peperone tagliati a cubetti nella padella e cuoci finché diventano teneri ma croccanti.

6. In una ciotola grande, unisci la polpa dell'avocado, la quinoa cotta, le verdure saltate, il succo di limone, il sale e il pepe. Mescola bene per amalgamare tutti gli ingredienti.

7. Riempì le bucce dell'avocado vuote con il composto di quinoa e verdure, premendo delicatamente per far aderire il ripieno.

8. Guarnisci gli avocado ripieni con quinoa e verdure con prezzemolo fresco tritato.

Questi avocado ripieni con quinoa e verdure sono un piatto sano e gustoso, perfetto come pranzo o cena leggera.

Ricetta 80: Crostata di Frutta con Pasta Frolla Integrale

Introduzione agli alimenti:

La crostata di frutta con pasta frolla integrale è un dolce delizioso e sano, perfetto per concludere un pasto con un tocco di dolcezza senza sensi di colpa. La pasta frolla integrale offre un sapore rustico e ricco, mentre la frutta fresca dona una nota di freschezza e colori vivaci.

Ingredienti per 4-6 persone:

Per la pasta frolla integrale:

- 200g di farina integrale
- 100g di burro freddo, tagliato a cubetti
- 2 cucchiai di zucchero di canna
- 1 uovo
- 2 cucchiai di acqua fredda
- 1 pizzico di sale

Per il ripieno:

- Frutta fresca a scelta (fragole, mirtilli, lamponi, pesche, albicocche, ecc.)

- 1 cucchiaio di zucchero di canna
- 1 cucchiaio di amido di mais o maizena

Istruzioni:

Per la pasta frolla integrale:

1. In una ciotola grande, mescola la farina integrale, il burro freddo tagliato a cubetti e lo zucchero di canna fino a ottenere un composto sabbioso.

2. Aggiungi l'uovo e l'acqua fredda nella ciotola e impasta rapidamente per formare un impasto omogeneo.

3. Avvolgi l'impasto nella pellicola trasparente e fai riposare in frigorifero per almeno 30 minuti.

Per il ripieno:

1. Lava e taglia la frutta fresca a pezzetti.

2. In una ciotola, mescola la frutta tagliata con lo zucchero di canna e l'amido di mais, assicurandoti che la frutta sia ben ricoperta.

Assemblaggio:

1. Preriscalda il forno a 180°C.

2. Riprendi l'impasto della pasta frolla dal frigorifero e stendilo su una superficie leggermente infarinata con l'aiuto di un matterello.

3. Foderà una teglia da crostata con la pasta frolla e bucherella il fondo con una forchetta.

4. Versa la frutta fresca tagliata nella base della crostata.

5. Piega i bordi della pasta frolla verso l'interno, creando un bordo leggermente rialzato.

6. Cuoci la crostata di frutta nel forno preriscaldato per circa 25-30 minuti o finché la pasta frolla risulta dorata e croccante.

7. Sforna la crostata e lasciala raffreddare prima di servirla.

Questa crostata di frutta con pasta frolla integrale è una delizia sana e gustosa, perfetta per una merenda o come dolce dopo un pasto leggero.

Ricetta 81: Sformato di Patate Dolci con Prezzemolo

Introduzione agli alimenti:

Lo sformato di patate dolci con prezzemolo è un piatto cremoso e saporito, perfetto come contorno o piatto principale per un pasto leggero. Le patate dolci, ricche di vitamine e antiossidanti, sono mescolate con uova e formaggio per creare una consistenza morbida e gustosa. Il tocco di prezzemolo fresco rende questo piatto ancora più invitante.

Ingredienti per 4 persone:

- 3 patate dolci medie, sbucciate e tagliate a cubetti
- 3 uova
- 1/2 tazza di latte (o latte vegetale)
- 1/2 tazza di formaggio grattugiato senza grassi (come formaggio fresco magro o formaggio vegano senza grassi)
- 2 cucchiai di prezzemolo fresco tritato
- Sale e pepe q.b.
- Olio d'oliva extravergine per ungere la teglia

Istruzioni:

1. Cuoci i cubetti di patate dolci al vapore fino a quando diventano teneri.

2. Preriscalda il forno a 180°C.

3. In una ciotola grande, sbatti le uova con il latte.

4. Aggiungi il formaggio grattugiato nella ciotola con le uova e mescola bene.

5. Aggiungi le patate dolci cotte nella ciotola con l'uovo e il formaggio. Schiacciale leggermente con una forchetta per rendere la consistenza cremosa ma ancora leggermente rustica.

6. Aggiungi il prezzemolo fresco tritato nella ciotola e mescola per distribuire uniformemente il sapore.

7. Aggiusta di sale e pepe secondo le tue preferenze.

8. Ungi una teglia da forno con un po' di olio d'oliva extravergine.

9. Versa il composto di patate dolci nella teglia ungendo e livellando la superficie.

10. Cuoci lo sformato di patate dolci nel forno preriscaldato per circa 25-30 minuti o finché la superficie diventa dorata e croccante.

11. Sforna lo sformato e lascialo raffreddare leggermente prima di servirlo.

Questo sformato di patate dolci con prezzemolo è un'opzione sana e deliziosa per arricchire il tuo pasto con gusto e nutrienti.

Ricetta 82: Tofu alla Griglia con Salsa di Soia e Zenzero

Introduzione agli alimenti:

Il tofu alla griglia con salsa di soia e zenzero è un piatto vegano ricco di proteine e sapore. Il tofu, tagliato a fette spesse e marinato in una deliziosa salsa di soia e zenzero, è poi grigliato per ottenere una consistenza croccante all'esterno e morbida all'interno. Questo piatto è perfetto come piatto principale accompagnato da verdure o come elemento di un pasto fusion asiatico.

Ingredienti per 4 persone:

- 400g di tofu compatto, tagliato a fette spesse
- 1/4 di tazza di salsa di soia (o salsa tamari per una versione senza glutine)
- 2 cucchiai di acqua
- 2 cucchiai di succo di limone
- 2 cucchiai di zenzero fresco grattugiato
- 2 spicchi d'aglio, tritati finemente
- 1 cucchiaio di sciroppo d'acero o altro dolcificante a scelta
- 1 cucchiaio di olio di sesamo (facoltativo)
- Pepe nero q.b.

- Olio d'oliva extravergine per ungere la griglia

Istruzioni:

1. In una ciotola, prepara la marinata unendo la salsa di soia, l'acqua, il succo di limone, il zenzero grattugiato, lo spicchio d'aglio tritato, lo sciroppo d'acero e l'olio di sesamo. Mescola bene per amalgamare tutti gli ingredienti.

2. Metti le fette di tofu nella marinata e lasciale riposare per almeno 30 minuti, girandole delicatamente a metà tempo per assicurarti che vengano ben ricoperte.

3. Preriscalda una griglia o una padella antiaderente a fuoco medio-alto. Ungila con un po' di olio d'oliva extravergine per evitare che il tofu si attacchi.

4. Quando la griglia è ben calda, posiziona le fette di tofu sopra e grigliale per circa 3-4 minuti per lato, finché non diventano croccanti e leggermente dorati.

5. Mentre il tofu griglia, puoi riscaldare la marinata rimanente in una piccola pentola fino a quando non diventa leggermente densa e

sciropposa. Questa sarà la tua salsa per condire il tofu alla griglia.

6. Servi il tofu alla griglia con salsa di soia e zenzero, versando la salsa sciropposa sopra le fette di tofu.

Questo tofu alla griglia con salsa di soia e zenzero è una prelibatezza gustosa e nutriente, perfetta per i palati vegani e non solo.

Ricetta 83: Torta di Riso Integrale con Broccoli e Formaggio Senza Grassi

Introduzione agli alimenti:

La torta di riso integrale con broccoli e formaggio senza grassi è un piatto sostanzioso e sano, ideale come piatto unico per un pranzo o una cena bilanciata. Il riso integrale, combinato con i broccoli freschi e il formaggio magro o vegano, forma una torta soffice e saporita. Questa ricetta è una valida alternativa alle tradizionali torte di riso, senza rinunciare al gusto.

Ingredienti per 4 persone:

- 1 tazza di riso integrale cotto
- 2 tazze di broccoli freschi, cotti al vapore e tritati finemente
- 3 uova
- 1/2 tazza di latte (o latte vegetale)
- 1/2 tazza di formaggio grattugiato senza grassi (come formaggio fresco magro o formaggio vegano senza grassi)
- 2 cucchiai di prezzemolo fresco tritato
- Sale e pepe q.b.
- Olio d'oliva extravergine per ungere la teglia

Istruzioni:

1. Preriscalda il forno a 180°C.

2. In una ciotola grande, unisci il riso integrale cotto con i broccoli tritati.

3. In un'altra ciotola, sbatti le uova con il latte.

4. Aggiungi il formaggio grattugiato nella ciotola con le uova e mescola bene.

5. Versa il composto di uova e formaggio nella ciotola con il riso e i broccoli. Mescola bene per amalgamare tutti gli ingredienti.

6. Aggiungi il prezzemolo fresco tritato nella ciotola e mescola per distribuire uniformemente il sapore.

7. Aggiusta di sale e pepe secondo le tue preferenze.

8. Ungi una teglia da forno con un po' di olio d'oliva extravergine.

9. Versa il composto di riso, broccoli e formaggio nella teglia, livellando la superficie.

10. Cuoci la torta di riso integrale nel forno preriscaldato per circa 25-30 minuti o finché la superficie diventa dorata e croccante.

11. Sforna la torta di riso integrale e lasciala raffreddare leggermente prima di servirla.

Questa torta di riso integrale con broccoli e formaggio senza grassi è una pietanza nutriente e deliziosa, perfetta per un pasto completo e bilanciato.

Ricetta 84: Insalata di Riso con Noci e Uvetta

Introduzione agli alimenti:

L'insalata di riso con noci e uvetta è un piatto fresco e aromatico, ideale come contorno o piatto unico per una cena leggera. Il riso è arricchito con il croccante delle noci e il dolce dell'uvetta, il tutto condito con un'insalata fresca e saporita. Questo piatto offre una combinazione di sapori e texture che soddisferanno il tuo palato.

Ingredienti per 4 persone:

- 1 tazza di riso integrale cotto
- 1/2 tazza di noci, tostate e tritate grossolanamente
- 1/4 di tazza di uvetta
- 1 cetriolo, tagliato a cubetti
- 1 peperone rosso, tagliato a cubetti
- 1/2 cipolla rossa, tagliata a cubetti
- 2 cucchiai di prezzemolo fresco tritato
- 2 cucchiai di olio d'oliva extravergine
- 2 cucchiai di aceto di mele o succo di limone
- Sale e pepe q.b.

Istruzioni:

1. In una ciotola grande, unisci il riso integrale cotto con le noci tritate, l'uvetta, il cetriolo tagliato a cubetti, il peperone rosso tagliato a cubetti e la cipolla rossa tagliata a cubetti.

2. In una piccola ciotola, prepara la vinaigrette mescolando l'olio d'oliva extravergine con l'aceto di mele o il succo di limone. Aggiusta di sale e pepe secondo le tue preferenze.

3. Versa la vinaigrette nella ciotola con il riso e le verdure e mescola bene per condire tutti gli ingredienti.

4. Aggiungi il prezzemolo fresco tritato sopra l'insalata e mescola nuovamente per distribuire uniformemente il sapore.

5. Lascia riposare l'insalata di riso con noci e uvetta in frigorifero per almeno 30 minuti prima di servirla, per far amalgamare i sapori.

Questa insalata di riso con noci e uvetta è un'opzione fresca e gustosa per arricchire il tuo pasto con gusto e nutrienti.

Ricetta 85: Hummus di Barbabietola con Bastoncini di Verdure

Introduzione agli alimenti:

L'hummus di barbabietola con bastoncini di verdure è una variante colorata e sana del classico hummus. La barbabietola dona al piatto il suo colore vivace e un sapore dolce, mentre i bastoncini di verdure, come carote e sedano, sono l'accompagnamento perfetto per una merenda o un aperitivo sano e gustoso. Questa ricetta è ricca di vitamine e antiossidanti, oltre ad essere priva di colesterolo.

Ingredienti per l'hummus di barbabietola:

- 1 barbabietola cotta
- 400g di ceci cotti
- 2 cucchiai di tahini (pasta di semi di sesamo)
- 2 spicchi d'aglio
- 2 cucchiai di succo di limone
- 2 cucchiai di olio d'oliva extravergine
- Sale e pepe q.b.
- Acqua q.b. (per regolare la consistenza)

Per i bastoncini di verdure:

- Carote e sedano tagliati a bastoncini

Istruzioni:

Per l'hummus di barbabietola:

1. In un frullatore o un mixer, metti la barbabietola cotta, i ceci cotti, il tahini, gli spicchi d'aglio, il succo di limone e l'olio d'oliva extravergine.

2. Frulla gli ingredienti fino a ottenere una crema liscia e omogenea.

3. Aggiusta di sale e pepe secondo i tuoi gusti.

4. Se la consistenza risulta troppo densa, puoi aggiungere un po' di acqua per renderla più cremosa.

Per i bastoncini di verdure:

1. Prepara i bastoncini di carote e sedano tagliandoli in pezzi lunghi e sottili.

Servizio:

1. Versa l'hummus di barbabietola in una ciotola e guarniscilo con un filo d'olio d'oliva extravergine e una spolverata di pepe nero.

2. Accompagna l'hummus con i bastoncini di verdure per immergerli nella crema e gustarli.

L'hummus di barbabietola con bastoncini di verdure è una proposta colorata e deliziosa per una merenda o un aperitivo sano e privo di colesterolo.

Ricetta 86: Salsa di Avocado con Chips di Mais Integrali

Introduzione agli alimenti:

La salsa di avocado con chips di mais integrali è un'alternativa gustosa e sana ai classici condimenti per chips. L'avocado, ricco di grassi buoni e nutrienti, viene trasformato in una salsa cremosa con un tocco di lime e coriandolo per dare freschezza. I chips di mais integrali sono una scelta salutare per accompagnare questa salsa, che è priva di colesterolo e ricca di nutrienti.

Ingredienti per la salsa di avocado:

- 2 avocado maturi
- 1 spicchio d'aglio, tritato finemente
- Il succo di 1 lime
- 2 cucchiai di coriandolo fresco tritato
- Sale e pepe q.b.

Per i chips di mais integrali:

- Tortillas di mais integrali tagliate a triangoli

Istruzioni:

Per la salsa di avocado:

1. In una ciotola, schiaccia gli avocado maturi con una forchetta fino a ottenere una consistenza cremosa.

2. Aggiungi lo spicchio d'aglio tritato, il succo di lime e il coriandolo fresco tritato. Mescola bene per amalgamare tutti gli ingredienti.

3. Aggiusta di sale e pepe secondo i tuoi gusti.

Per i chips di mais integrali:

1. Taglia le tortillas di mais integrali a triangoli.

2. Riscalda una padella antiaderente a fuoco medio-alto e cuoci i chips di mais integrali fino a quando non diventano croccanti e leggermente dorati. Puoi fare anche i chips al forno preriscaldando il forno a 180°C e cuocendo i triangoli di mais su una teglia con carta da forno per circa 10-15 minuti, girandoli a metà cottura.

Servizio:

1. Versa la salsa di avocado in una ciotola e guarniscila con un po' di coriandolo fresco tritato.

2. Accompagna la salsa con i chips di mais integrali per immergerli e gustarli.

La salsa di avocado con chips di mais integrali è un'opzione deliziosa e salutare per uno spuntino o un aperitivo privo di colesterolo.

Ricetta 87: Zuppa di Zucca con Cannella e Zenzero

Introduzione agli alimenti:

La zuppa di zucca con cannella e zenzero è un comfort food perfetto per le giornate fredde. La zucca dolce, unita alla delicatezza della cannella e al pizzico di zenzero, crea un sapore avvolgente e aromatico. Questa zuppa è un'ottima fonte di vitamine e fibre, senza contenere colesterolo.

Ingredienti per 4 persone:

- 1 kg di zucca, sbucciata e tagliata a cubetti
- 1 cipolla, tritata finemente
- 2 spicchi d'aglio, tritati finemente
- 1 cucchiaio di olio d'oliva extravergine
- 1 litro di brodo vegetale (o acqua)
- 1 cucchiaino di cannella in polvere
- 1 cucchiaino di zenzero fresco grattugiato
- Sale e pepe q.b.
- Semi di zucca tostati per guarnire (facoltativo)
- Prezzemolo fresco tritato per guarnire (facoltativo)

Istruzioni:

1. In una pentola capiente, scalda l'olio d'oliva extravergine a fuoco medio.

2. Aggiungi la cipolla e l'aglio tritati nella pentola e soffriggili fino a quando diventano traslucidi.

3. Aggiungi i cubetti di zucca e fai rosolare per qualche minuto.

4. Versa il brodo vegetale nella pentola, coprendo completamente la zucca.

5. Aggiungi la cannella in polvere e il zenzero grattugiato.

6. Porta la zuppa a ebollizione e poi abbassa la fiamma a medio-bassa. Copri la pentola con un coperchio e lascia cuocere la zuppa per circa 20-25 minuti, o finché la zucca risulta morbida e facilmente schiacciabile con una forchetta.

7. Spegni il fuoco e lascia raffreddare leggermente la zuppa prima di frullarla con un frullatore ad immersione fino a ottenere una consistenza liscia e cremosa.

8. Assaggia la zuppa e aggiusta di sale e pepe secondo i tuoi gusti.

9. Servi la zuppa di zucca con cannella e zenzero calda, guarnendo con semi di zucca tostati e prezzemolo fresco tritato, se desideri.

Questa zuppa di zucca con cannella e zenzero è una coccola gustosa e salutare per riscaldarsi durante le giornate invernali.

Ricetta 88: Insalata di Farro con Ceci e Pomodori Secchi

Introduzione agli alimenti:

L'insalata di farro con ceci e pomodori secchi è un piatto nutriente e saporito, perfetto come pranzo leggero o contorno per una cena bilanciata. Il farro, un cereale antico ricco di fibre e proteine, si combina con i ceci per dare consistenza e sostanza all'insalata. I pomodori secchi, dal gusto intenso e dolce, aggiungono una nota di sapore inconfondibile. Questa insalata è priva di colesterolo e ricca di nutrienti.

Ingredienti per 4 persone:

- 1 tazza di farro perlato, cotto e raffreddato
- 1 tazza di ceci cotti (sciacquati e sgocciolati, se in scatola)
- 1/2 tazza di pomodori secchi, ammollati in acqua calda e poi tritati grossolanamente
- 1 cetriolo, tagliato a cubetti
- 1 peperone rosso, tagliato a cubetti
- 1/2 cipolla rossa, tagliata a cubetti
- 2 cucchiai di prezzemolo fresco tritato
- 2 cucchiai di olio d'oliva extravergine
- 2 cucchiai di aceto balsamico

- Sale e pepe q.b.

Istruzioni:

1. In una ciotola capiente, unisci il farro cotto e raffreddato con i ceci c

otti, i pomodori secchi tritati grossolanamente, il cetriolo tagliato a cubetti, il peperone rosso tagliato a cubetti e la cipolla rossa tagliata a cubetti.

2. In una piccola ciotola, prepara la vinaigrette mescolando l'olio d'oliva extravergine con l'aceto balsamico. Aggiusta di sale e pepe secondo i tuoi gusti.

3. Versa la vinaigrette nella ciotola con il farro e le verdure e mescola bene per condire tutti gli ingredienti.

4. Aggiungi il prezzemolo fresco tritato sopra l'insalata e mescola nuovamente per distribuire uniformemente il sapore.

5. Lascia riposare l'insalata di farro con ceci e pomodori secchi in frigorifero per almeno 30 minuti prima di servirla, così i sapori si amalgameranno.

Questa insalata di farro con ceci e pomodori secchi è un'opzione gustosa e salutare, ideale per una pausa pranzo leggera o come contorno per una cena completa.

Ricetta 89: Sushi di Salmone Selvaggio con Avocado e Cetriolo

Introduzione agli alimenti:

Il sushi di salmone selvaggio con avocado e cetriolo è un piatto fresco e delizioso, perfetto per gli amanti del pesce. Il salmone selvaggio è ricco di omega-3 e proteine di alta qualità, mentre l'avocado e il cetriolo donano cremosità e freschezza al sushi. Questa versione homemade di sushi ti permette di personalizzare i tuoi rotolini senza aggiungere colesterolo.

Ingredienti per 4 persone:

- 1 tazza di riso per sushi (riso glutinoso)
- 1 1/2 tazze di acqua
- 2 cucchiai di aceto di riso
- 2 cucchiaini di zucchero
- 1/2 cucchiaino di sale
- Fogli di alga nori
- 200g di salmone selvaggio fresco, tagliato a strisce sottili
- 1 avocado maturo, tagliato a strisce sottili
- 1 cetriolo, tagliato a strisce lunghe e sottili
- Wasabi (facoltativo)

- Salsa di soia per condire (ridotta di sodio, se disponibile)
- Zenzero marinato (facoltativo)

Istruzioni:

1. Prepara il riso per sushi seguendo le istruzioni sulla confezione. Una volta cotto, lascialo raffreddare leggermente.

2. In una ciotola piccola, mescola l'aceto di riso, lo zucchero e il sale fino a quando lo zucchero e il sale si sono sciolti.

3. Versa il condimento di aceto sul riso cotto e mescola delicatamente per distribuire uniformemente il sapore. Lascia il riso raffreddare completamente a temperatura ambiente.

4. Disponi un foglio di alga nori su una stuoia di bambù per sushi o una superficie piana e coprila con uno strato uniforme di riso, lasciando circa 1 cm di alga scoperto lungo il bordo superiore.

5. Sul centro del riso, posiziona strisce di salmone, avocado e cetriolo. Se lo desideri, aggiungi un po' di wasabi lungo gli ingredienti.

6. Con l'aiuto della stuoia di bambù o con le mani umide, arrotola delicatamente l'alga nori intorno agli ingredienti, facendo pressione per sigillare il rotolo. Assicurati che il rotolo sia compatto.

7. Ripeti il processo per creare gli altri rotoli di sushi.

8. Taglia i rotoli di sushi in fette spesse circa 2,5 cm.

9. Servi il sushi di salmone selvaggio con avocado e cetriolo con salsa di soia e zenzero marinato, se preferisci.

Questo sushi di salmone selvaggio con avocado e cetriolo è una prelibatezza nutriente e gustosa, perfetta per una cena speciale o un'occasione da festeggiare.

Ricetta 90: Pollo alla Griglia con Salsa di Yogurt e Erbe

Introduzione agli alimenti:

Il pollo alla griglia con salsa di yogurt e erbe è un piatto leggero ma saporito, ideale per una cena equilibrata e gustosa. Il pollo, una fonte di proteine magre, diventa succulento e profumato grazie alle erbe aromatiche e alla salsa di yogurt fresco. Questa ricetta è priva di colesterolo ed è una scelta salutare per apprezzare i sapori della carne senza appesantirsi.

Ingredienti per 4 persone:

Per il pollo alla griglia:

- 4 petti di pollo senza pelle
- Succo di 1 limone
- 2 cucchiai di olio d'oliva extravergine
- 2 spicchi d'aglio, tritati finemente
- 1 cucchiaino di origano secco
- 1 cucchiaino di rosmarino secco
- Sale e pepe q.b.

Per la salsa di yogurt e erbe:

- 1 tazza di yogurt greco naturale
- 2 cucchiai di prezzemolo fresco tritato
- 1 cucchiaio di menta fresca tritata
- 1 cucchiaio di basilico fresco tritato
- Succo di mezzo limone
- Sale e pepe q.b.

Istruzioni:

Per il pollo alla griglia:

1. In una ciotola, prepara la marinata per il pollo mescolando il succo di limone, l'olio d'oliva extravergine, lo spicchio d'aglio tritato, l'origano secco, il rosmarino secco, il sale e il pepe.

2. Aggiungi i petti di pollo nella marinata, assicurandoti che siano ben coperti. Copri la ciotola e lascia marinare in frigorifero per almeno 30 minuti, anche meglio se per un paio d'ore.

3. Riscalda la griglia a fuoco medio-alto.

4. Griglia i petti di pollo marinati per circa 6-7 minuti per lato, o finché il pollo è ben

cotto e ha ottenuto delle belle striature dalla griglia.

5. Togli il pollo dalla griglia e lascialo riposare per qualche minuto prima di servirlo.

Per la salsa di yogurt e erbe:

1. In una ciotola, mescola il yogurt greco naturale con il prezzemolo fresco tritato, la menta fresca tritata, il basilico fresco tritato, il succo di mezzo limone, il sale e il pepe.

2. Mescola bene tutti gli ingredienti fino a ottenere una salsa omogenea.

Servizio:

1. Taglia i petti di pollo alla griglia a fettine e servi con la salsa di yogurt e erbe a parte.

2. Puoi accompagnare il pollo con contorni freschi come insalata di verdure o riso integrale.

Questo pollo alla griglia con salsa di yogurt e erbe è un piatto leggero ma ricco di gusto, perfetto per una cena equilibrata e salutare.

Ricetta 91: Frittata di Verdure con Zucchine e Peperoni

Introduzione agli alimenti:

La frittata di verdure con zucchine e peperoni è una ricetta facile e versatile che combina uova con colorate verdure estive. Questa frittata è ricca di sapori e nutrienti, ed è priva di colesterolo. Puoi servirla come piatto unico per una colazione o un brunch sano e gustoso.

Ingredienti per 4 persone:

- 6 uova
- 2 zucchine medie, tagliate a fette sottili
- 1 peperone rosso, tagliato a cubetti
- 1 cipolla, tagliata a fette sottili
- 2 cucchiai di olio d'oliva extravergine
- 1/2 cucchiaino di origano secco
- 1/2 cucchiaino di basilico secco
- Sale e pepe q.b.

Istruzioni:

1. In una padella antiaderente, scalda l'olio d'oliva extravergine a fuoco medio.

2. Aggiungi le zucchine, il peperone e la cipolla nella padella e cuoci le verdure fino a quando sono morbide e leggermente dorate. Aggiungi un pizzico di sale e pepe per insaporire le verdure.

3. In una ciotola, sbatti le uova con un pizzico di sale, pepe, origano e basilico.

4. Versa le uova sbattute nella padella con le verdure e mescola delicatamente per distribuire uniformemente le verdure.

5. Copri la padella con un coperchio e lascia cuocere la frittata a fuoco medio-basso per circa 5-7 minuti, o finché la superficie della frittata risulta solida e l'interno è cotto.

6. Puoi optare per una delle seguenti due opzioni:

   a. Per cuocere anche la parte superiore della frittata, puoi girarla utilizzando un piatto grande e piano. Metti il piatto sopra la padella, quindi capovolgila con un movimento rapido. Poi, delicatamente, scivola la frittata nella padella per cuocere l'altro lato.

b. Per cuocere solo la parte inferiore, copri la padella con un coperchio e lascia cuocere a fuoco medio-basso per altri 5-7 minuti, o finché la frittata risulta ben cotta.

7. Quando la frittata è completamente cotta, togli la padella dal fuoco e lasciala raffreddare leggermente prima di servirla.

Servizio:

1. Taglia la frittata di verdure con zucchine e peperoni a spicchi e servi calda o a temperatura ambiente.

2. Puoi accompagnare la frittata con una fresca insalata verde per un pasto bilanciato.

Questa frittata di verdure con zucchine e peperoni è un piatto semplice e gustoso, perfetto per una colazione, un brunch o un pranzo leggero.

Ricetta 92: Insalata di Lenticchie con Feta e Olive

Introduzione agli alimenti:

L'insalata di lenticchie con feta e olive è una combinazione gustosa e salutare di proteine vegetali, formaggio e olive, arricchita da una vinaigrette al limone. Le lenticchie, ricche di fibre e proteine, sono un'ottima base per un'insalata sostanziosa. La feta e le olive aggiungono un tocco mediterraneo di sapore. Questa insalata è priva di colesterolo e soddisferà il tuo appetito in modo nutriente.

Ingredienti per 4 persone:

- 1 tazza di lenticchie verdi cotte e scolate
- 1/2 tazza di feta ridotta di sodio, tagliata a cubetti
- 1/4 di tazza di olive nere, denocciolate e tagliate a rondelle
- 1 cetriolo, tagliato a cubetti
- 1 pomodoro, tagliato a cubetti
- 1/4 di cipolla rossa, tagliata sottile
- 2 cucchiai di prezzemolo fresco tritato
- 2 cucchiai di olio d'oliva extravergine
- Il succo di 1 limone

- Sale e pepe q.b.

Istruzioni:

1. In una ciotola capiente, unisci le lenticchie cotte e scolate con i cubetti di feta, le olive nere tagliate a rondelle, il cetriolo tagliato a cubetti, il pomodoro tagliato a cubetti e la cipolla rossa tagliata sottile.

2. Prepara la vinaigrette mescolando l'olio d'oliva extravergine con il succo di limone, il prezzemolo fresco tritato, il sale e il pepe.

3. Versa la vinaigrette nella ciotola con le lenticchie e le verdure e mescola bene per condire tutti gli ingredienti.

4. Lascia riposare l'insalata di lenticchie con feta e olive in frigorifero per almeno 30 minuti prima di servirla, così i sapori si amalgameranno.

Servizio:

1. Servi l'insalata di lenticchie con feta e olive come piatto unico o come contorno per una cena equilibrata.

2. Puoi guarnire con ulteriori foglie di prezzemolo fresco, se desideri.

Questa insalata di lenticchie con feta e olive è un'opzione gustosa e sana, ideale per un pasto leggero o un contorno nutriente.

Ricetta 93: Spinaci Saltati in Padella con Pinoli e Uvetta

Introduzione agli alimenti:

Gli spinaci saltati in padella con pinoli e uvetta sono un contorno saporito e nutriente, perfetto per accompagnare piatti principali a base di carne o pesce. Gli spinaci, ricchi di ferro e vitamine, diventano gustosi con l'aggiunta di pinoli tostati e dolci uvetta. Questo contorno è privo di colesterolo e dona un tocco di colore al tuo tavolo.

Ingredienti per 4 persone:

- 500g di spinaci freschi, lavati e asciugati
- 1/4 di tazza di pinoli
- 1/4 di tazza di uvetta sultanina
- 2 cucchiai di olio d'oliva extravergine
- 2 spicchi d'aglio, tritati finemente
- Sale e pepe q.b.

Istruzioni:

1. In una padella grande, tosta i pinoli a fuoco medio-basso fino a quando diventano dorati e

fragranti. Trasferiscili su un piatto e tienili da parte.

2. Nella stessa padella, scaldai l'olio d'oliva extravergine a fuoco medio.

3. Aggiungi l'aglio tritato nella padella e fallo soffriggere fino a quando diventa dorato e profumato, ma attenzione a non bruciarlo.

4. Aggiungi gli spinaci freschi nella padella e cuoci, mescolando spesso, finché gli spinaci non si sono appassiti e ridotti di volume. Ci vorranno solo pochi minuti.

5. Aggiungi i pinoli tostati e l'uvetta sultanina nella padella con gli spinaci.

6. Mescola bene per distribuire uniformemente i pinoli e l'uvetta con gli spinaci.

7. Aggiusta di sale e pepe secondo i tuoi gusti.

Servizio:

1. Servi gli spinaci saltati in padella con pinoli e uvetta come contorno caldo per accompagnare il tuo piatto principale.

2. Puoi anche aggiungere un goccio di succo di limone fresco per esaltare i sapori.

Questi spinaci saltati in padella con pinoli e uvetta sono un contorno gustoso e sano, perfetto per arricchire il tuo pasto con colori e sapori.

Ricetta 94: Tofu Marinato con Salsa di Soia e Aglio

Introduzione agli alimenti:

Il tofu marinato con salsa di soia e aglio è un piatto vegetariano ricco di proteine e sapore. Il tofu, una fonte di proteine vegetali, si arricchisce con una marinata aromatica a base di salsa di soia e aglio. Questo piatto è privo di colesterolo ed è un'alternativa gustosa alla carne per chi preferisce una dieta vegetale.

Ingredienti per 4 persone:

- 400g di tofu, tagliato a cubetti o fette spesse
- 4 cucchiai di salsa di soia a basso contenuto di sodio
- 2 cucchiai di aceto di riso
- 2 spicchi d'aglio, tritati finemente
- 1 cucchiaio di olio di sesamo tostato (facoltativo)
- 1 cucchiaino di zenzero fresco grattugiato
- 2 cucchiai di cipollotti freschi, tagliati a fette sottili (parte verde)
- 1 cucchiaio di semi di sesamo (facoltativo)
- Peperoncino rosso tritato (facoltativo)

Istruzioni:

1. In una ciotola piccola, prepara la marinata mescolando la salsa di soia a basso contenuto di sodio, l'aceto di riso, l'aglio tritato, l'olio di sesamo tostato (se lo stai usando) e lo zenzero fresco grattugiato.

2. Disponi i cubetti o le fette di tofu in uno strato singolo all'interno di un contenitore poco profondo.

3. Versa la marinata sul tofu, assicurandoti che sia coperto uniformemente. Puoi far marinate il tofu per almeno 30 minuti in frigorifero, ma è ancora meglio lasciarlo marinare per un paio di ore per far sì che assorba bene i sapori.

4. Riscalda una padella antiaderente a fuoco medio-alto.

5. Disponi il tofu marinate sulla padella, conservando la marinata rimanente.

6. Cuoci il tofu per alcuni minuti per ogni lato, finché risulterà dorato e croccante.

7. Versa la marinata rimanente sulla padella e lascia cuocere il tofu per altri 1-2 minuti, facendo attenzione a non farlo bruciare.

8. Trasferisci il tofu marinato in un piatto da portata e guarniscilo con cipollotti freschi, semi di sesamo e peperoncino rosso tritato, se desideri.

Servizio:

1. Il tofu marinato con salsa di soia e aglio è delizioso servito caldo come piatto principale, magari accompagnato da riso o verdure saltate in padella.

2. Puoi anche lasciarlo raffreddare e servirlo come antipasto o aggiungerlo a insalate.

Questo tofu marinato con salsa di soia e aglio è un'opzione gustosa e nutriente per coloro che seguono una dieta vegetariana o per chi vuole variare il suo apporto proteico.

Ricetta 95: Zuppa di Fagioli Bianchi con Rosmarino e Timo

Introduzione agli alimenti:

La zuppa di fagioli bianchi con rosmarino e timo è un comfort food nutriente e aromatico, perfetto per le giornate fredde. I fagioli bianchi, ricchi di proteine e fibre, diventano gustosi con l'aggiunta di rosmarino e timo. Questa zuppa è priva di colesterolo e può essere un'ottima fonte di energia e calore durante l'inverno.

Ingredienti per 4 persone:

- 2 tazze di fagioli bianchi cotti (sciacquati e sgocciolati, se in scatola)
- 1 cipolla, tritata finemente
- 2 spicchi d'aglio, tritati finemente
- 2 rametti di rosmarino fresco
- 2 rametti di timo fresco
- 1 litro di brodo vegetale (o acqua)
- 2 cucchiai di olio d'oliva extravergine
- Sale e pepe q.b.

Istruzioni:

1. In una pentola capiente, scalda l'olio d'oliva extravergine a fuoco medio.

2. Aggiungi la cipolla e l'aglio tritati nella pentola e soffriggili fino a quando diventano traslucidi e leggermente dorati.

3. Aggiungi i fagioli bianchi cotti nella pentola e mescola bene con la cipolla e l'aglio.

4. Aggiungi i rametti di rosmarino e timo freschi nella pentola.

5. Versa il brodo vegetale nella pentola, coprendo completamente i fagioli e le erbe.

6. Porta la zuppa a ebollizione e poi abbassa la fiamma a medio-bassa. Copri la pentola con un coperchio e lascia cuocere la zuppa per circa 15-20 minuti, o finché i sapori si sono amalgamati e i fagioli risultano morbidi.

7. Assaggia la zuppa di fagioli bianchi con rosmarino e timo e aggiusta di sale e pepe secondo i tuoi gusti.

8. Puoi scegliere se servire la zuppa così com'è, con i rametti di rosmarino e timo, oppure puoi eliminarli prima di servire, a seconda delle tue preferenze.

Servizio:

1. Servi la zuppa di fagioli bianchi con rosmarino e timo calda, magari accompagnandola con fette di pane croccante.

2. Puoi guarnire con un filo d'olio d'oliva extravergine e una spolverata di pepe nero macinato al momento.

Questa zuppa di fagioli bianchi con rosmarino e timo è un piatto nutriente e saporito, perfetto per riscaldarsi durante le giornate invernali.

Ricetta 96: Spaghetti di Grano Saraceno con Pesto di Basilico

Introduzione agli alimenti:

Gli spaghetti di grano saraceno con pesto di basilico sono un piatto delizioso e senza glutine, ideale per chi cerca un'alternativa alle tradizionali paste di grano. Il grano saraceno è un cereale molto versatile e il suo sapore leggermente nocciolato si abbina perfettamente al fresco pesto di basilico. Questa ricetta è priva di colesterolo e ti farà apprezzare un piatto di pasta in una versione più salutare.

Ingredienti per 4 persone:

Per gli spaghetti di grano saraceno:

- 400g di spaghetti di grano saraceno

Per il pesto di basilico:

- 2 tazze di foglie di basilico fresco
- 1/2 tazza di noci o pinoli
- 2 spicchi d'aglio
- 1/2 tazza di olio d'oliva extravergine

- 1/2 tazza di parmigiano grattugiato (o formaggio vegano, se preferisci)
- Sale e pepe q.b.

Istruzioni:

Per gli spaghetti di grano saraceno:

1. Porta a ebollizione una pentola grande di acqua leggermente salata.

2. Aggiungi gli spaghetti di grano saraceno nella pentola e cuocili seguendo le istruzioni sulla confezione. Di solito, ci vorranno circa 7-9 minuti per cuocere gli spaghetti, ma assicurati di assaggiarli per controllarne la consistenza.

3. Scola gli spaghetti di grano saraceno e tienili da parte.

Per il pesto di basilico:

1. In un frullatore o un robot da cucina, unisci le foglie di basilico fresco, le noci o i pinoli, gli spicchi d'aglio e il parmigiano grattugiato.

2. Frulla gli ingredienti fino a ottenere una consistenza omogenea.

3. Aggiungi l'olio d'oliva extravergine al frullatore, lentamente, mentre continui a frullare, finché il pesto raggiunge la consistenza desiderata.

4. Assaggia il pesto di basilico e aggiusta di sale e pepe secondo i tuoi gusti.

Servizio:

1. Condisci gli spaghetti di grano saraceno con il pesto di basilico appena fatto.

2. Puoi guarnire con foglie di basilico fresco e una spolverata di parmigiano grattugiato, se desideri.

Questi spaghetti di grano saraceno con pesto di basilico sono un piatto gustoso e senza glutine, perfetto per chi desidera una pasta leggera e sana.

Ricetta 97: Salmone al Forno con Salsa di Limone e Erbe

Introduzione agli alimenti:

Il salmone al forno con salsa di limone e erbe è un piatto gustoso e ricco di omega-3, ideale per gli amanti del pesce. Il salmone, una fonte di proteine e grassi sani, si sposa perfettamente con la fresca salsa di limone e erbe aromatiche. Questo piatto è privo di colesterolo ed è una scelta salutare per godersi il sapore del pesce senza troppi condimenti.

Ingredienti per 4 persone:

- 4 filetti di salmone (circa 150g ciascuno)
- 1 limone, sia il succo che la scorza grattugiata
- 2 cucchiai di olio d'oliva extravergine
- 2 spicchi d'aglio, tritati finemente
- 2 cucchiai di prezzemolo fresco tritato
- 1 cucchiaio di timo fresco tritato
- Sale e pepe q.b.

Istruzioni:

1. Preriscalda il forno a 200°C (390°F).

2. In una ciotola piccola, prepara la marinata per il salmone mescolando il succo di limone, la scorza grattugiata del limone, l'olio d'oliva extravergine, l'aglio tritato, il prezzemolo fresco tritato e il timo fresco tritato.

3. Disponi i filetti di salmone in una teglia da forno leggermente oliata.

4. Versa la marinata sul salmone, assicurandoti che sia coperto uniformemente.

5. Aggiusta di sale e pepe secondo i tuoi gusti.

6. Cuoci il salmone al forno per circa 12-15 minuti, o finché risulterà cotto e tenderà a sbriciolarsi facilmente con una forchetta.

Servizio:

1. Servi il salmone al forno con salsa di limone e erbe caldo, magari accompagnato da contorni di verdure o riso integrale.

2. Puoi guarnire con fettine sottili di limone e qualche rametto di timo fresco per un tocco decorativo.

Questo salmone al forno con salsa di limone e erbe è un piatto gustoso e sano, perfetto per una cena speciale o un pasto completo.

Ricetta 98: Quiche di Verdure senza Crosta

Introduzione agli alimenti:

La quiche di verdure senza crosta è una variante leggera della classica quiche, perfetta per coloro che vogliono ridurre l'apporto di carboidrati o seguono una dieta senza glutine. Le verdure fresche si combinano con uova e formaggio per creare una quiche senza la tradizionale base di pasta sfoglia. Questa ricetta è priva di colesterolo e può essere personalizzata con le verdure che preferisci.

Ingredienti per 4 persone:

- 6 uova
- 1/2 tazza di latte (o latte vegetale, se preferisci)
- 1 tazza di formaggio grattugiato (cheddar, mozzarella o formaggio vegano)
- 1 zucchina, tagliata a rondelle sottili
- 1 peperone rosso, tagliato a cubetti
- 1 cipolla, tagliata a fette sottili
- 1 spicchio d'aglio, tritato finemente
- 2 cucchiai di olio d'oliva extravergine
- 2 cucchiai di prezzemolo fresco tritato
- Sale e pepe q.b.

Istruzioni:

1. Preriscalda il forno a 180°C (350°F).

2. In una padella antiaderente, scalda l'olio d'oliva extravergine a fuoco medio.

3. Aggiungi l'aglio tritato e la cipolla nella padella e soffriggili fino a quando diventano traslucidi e leggermente dorati.

4. Aggiungi le rondelle di zucchina e i cubetti di peperone nella padella e cuoci le verdure fino a quando sono morbide e leggermente dorate. Aggiungi un pizzico di sale e pepe per insaporire le verdure.

5. In una ciotola, sbatti le uova con il latte, un pizzico di sale e pepe e metà del formaggio grattugiato.

6. Aggiungi le verdure saltate nella ciotola con le uova sbattute e mescola bene per distribuire uniformemente gli ingredienti.

7. Versa l'impasto della quiche in una teglia leggermente oliata o rivestita di carta da forno.

8. Aggiungi il prezzemolo fresco tritato sopra l'impasto e il rimanente formaggio grattugiato.

9. Cuoci la quiche di verdure senza crosta in forno per circa 25-30 minuti, o finché la superficie sarà dorata e l'interno cotto.

10. Lascia riposare la quiche per qualche minuto prima di tagliarla a spicchi e servirla.

Servizio:

1. Servi la quiche di verdure senza crosta come piatto unico, magari accompagnandola con una fresca insalata verde.

2. Puoi anche servirla come antipasto o come contorno per una cena completa.

Questa quiche di verdure senza crosta è un'alternativa leggera e saporita alla versione tradizionale, perfetta per chi cerca piatti a basso contenuto di carboidrati o senza glutine.

Ricetta 99: Sformato di Quinoa con Broccoli e Formaggio senza Grassi

Introduzione agli alimenti:

Lo sformato di quinoa con broccoli e formaggio senza grassi è un piatto sano e gustoso, ideale per coloro che vogliono godersi la quinoa in un modo diverso. La quinoa, un'importante fonte di proteine vegetali, si combina con broccoli e formaggio senza grassi per creare uno sformato cremoso e nutriente. Questa ricetta è priva di colesterolo e può essere una scelta equilibrata per un pasto completo.

Ingredienti per 4 persone:

- 1 tazza di quinoa cotta
- 2 tazze di broccoli, cotti e tritati
- 1/2 tazza di formaggio senza grassi grattugiato (cheddar, mozzarella o formaggio vegano)
- 1/2 tazza di latte senza grassi (o latte vegetale, se preferisci)
- 2 uova
- 2 cucchiai di farina di mais
- 1/2 cucchiaino di polvere di aglio
- 1/2 cucchiaino di peperoncino in polvere (facoltativo)

- Sale e pepe q.b.

Istruzioni:

1. Preriscalda il forno a 180°C (350°F) e prepara una pirofila o uno stampo da sformato, oliandolo leggermente o rivestendolo di carta da forno.

2. In una ciotola capiente, unisci la quinoa cotta con i broccoli tritati e il formaggio senza grassi grattugiato.

3. In una ciotola separata, sbatti le uova con il latte senza grassi.

4. Aggiungi la miscela di uova e latte alla ciotola con la quinoa, i broccoli e il formaggio.

5. Aggiungi la farina di mais, la polvere di aglio, il peperoncino in polvere (se lo stai usando), un pizzico di sale e pepe nella ciotola con gli altri ingredienti.

6. Mescola bene tutti gli ingredienti fino a ottenere una consistenza omogenea.

7. Versa l'impasto dello sformato di quinoa con broccoli e formaggio senza grassi nella pirofila o nello stampo da sformato.

8. Cuoci lo sformato di quinoa in forno per circa 25-30 minuti, o finché la superficie risulta dorata e l'interno è cotto.

9. Lascia riposare lo sformato per qualche minuto prima di tagliarlo a spicchi e servirlo.

Servizio:

1. Servi lo sformato di quinoa con broccoli e formaggio senza grassi come piatto principale, magari accompagnandolo con un contorno di verdure fresche.

2. Puoi anche servirlo come antipasto o come contorno per una cena bilanciata.

Questo sformato di quinoa con broccoli e formaggio senza grassi è un piatto nutriente e gustoso, perfetto per chi desidera variare le proprie fonti proteiche e seguire un'alimentazione sana.

Ricetta 100: Insalata di Grano Saraceno con Mandorle e Ciliegie

Introduzione agli alimenti:

L'insalata di grano saraceno con mandorle e ciliegie è un'opzione fresca e deliziosa per arricchire la tua tavola estiva. Il grano saraceno, ricco di nutrienti, si combina con il gusto dolce delle ciliegie e la croccantezza delle mandorle. Questa insalata è priva di colesterolo e può essere una gustosa aggiunta ai pasti estivi o una scelta per un picnic all'aperto.

Ingredienti per 4 persone:

- 1 tazza di grano saraceno cotto e scolato
- 1 tazza di ciliegie fresche, denocciolate e tagliate a metà
- 1/2 tazza di mandorle affettate o tritate
- 1 cetriolo, tagliato a cubetti
- 1/4 di cipolla rossa, tagliata sottile
- 2 cucchiai di prezzemolo fresco tritato
- 2 cucchiai di olio d'oliva extravergine
- Il succo di 1 limone
- Sale e pepe q.b.

Istruzioni:

1. In una ciotola capiente, unisci il grano saraceno cotto e scolato con le ciliegie tagliate a metà, le mandorle affettate o tritate, il cetriolo tagliato a cubetti, la cipolla rossa tagliata sottile e il prezzemolo fresco tritato.

2. Prepara la vinaigrette mescolando l'olio d'oliva extravergine con il succo di limone, un pizzico di sale e pepe.

3. Versa la vinaigrette nella ciotola con il grano saraceno e gli altri ingredienti e mescola bene per condire tutti gli elementi.

4. Lascia riposare l'insalata di grano saraceno con mandorle e ciliegie in frigorifero per almeno 30 minuti prima di servirla, così i sapori si amalgameranno.

Servizio:

1. Servi l'insalata di grano saraceno con mandorle e ciliegie come piatto unico per un pasto leggero e nutriente.

2. Puoi guarnire con foglie di prezzemolo fresco e alcune ciliegie intere per una presentazione accattivante.

Questa insalata di grano saraceno con mandorle e ciliegie è un'opzione fresca e colorata, perfetta per un pasto estivo o un picnic all'aperto.

Concludiamo "Salute in Cucina: 100 Ricette Senza Colesterolo - Un Viaggio Gustoso verso una Vita Sana e Senza Colesterolo" con un sentito ringraziamento a tutti coloro che hanno accompagnato questo percorso culinario con noi.

La nostra speranza è che questo libro sia stato uno strumento prezioso per voi, un punto di riferimento in cucina e una fonte di ispirazione per creare piatti deliziosi e salutari. Abbiamo voluto dimostrare che la cucina senza colesterolo può essere altrettanto appagante e gustosa, e che prendersi cura della propria salute non significa rinunciare al piacere di mangiare.

Siamo grati per il vostro impegno verso una vita sana e per aver scelto di seguire questo viaggio con noi. Il vostro benessere è la nostra più grande soddisfazione, e speriamo che queste ricette abbiano contribuito a migliorare il vostro stile di vita e il vostro rapporto con il cibo.

Vi incoraggiamo a continuare a sperimentare in cucina, a esplorare nuovi sapori, a scoprire ingredienti sani e a condividere il piacere di mangiare bene con i vostri cari. Ogni pasto può diventare un'opportunità per nutrire il corpo e l'anima, per godere di momenti conviviali e per prendersi cura di sé stessi e delle persone che amiamo.

Ricordate sempre che la salute è un dono prezioso, e la cucina può essere un alleato potente nel preservarla. Con il giusto equilibrio di ingredienti, creatività e attenzione, possiamo trasformare ogni pasto in una festa di gusto e salute.

Auguriamo a ognuno di voi una vita piena di benessere, felicità e buon cibo. Che ogni piatto diventi un'occasione per celebrare la vita e ringraziare per il dono della cucina e della nutrizione. Continuate a esplorare, a scoprire e a sperimentare, perché la cucina è un mondo infinito di possibilità.

Grazie ancora per aver scelto "Salute in Cucina: 100 Ricette Senza Colesterolo". Ci auguriamo di aver lasciato un segno positivo nella vostra tavola e nella vostra vita.

Buon appetito e buona salute a tutti!

Printed by Amazon Italia Logistica S.r.l.
Torrazza Piemonte (TO), Italy